붓다의 생활 수업

박경준 지음

우리출판사

붓다의 생활 수업

책머리에

"네가 세상에 울면서 태어날 때 세상은 기뻐하였으니,
네가 죽을 때 세상은 울어도 너는 기뻐할 수 있는,
그런 삶을 살아라."

– 북아메리카 인디언 나바호족의 격언 –

촌철살인의 티베트 속담처럼, 내일이 먼저 올지 내생이 먼저 올지는 누구도 모른다. 하루하루의 생활이, 아니 순간순간의 삶이 금싸라기같이 소중한 이유다. 오늘 하루, 지금 이 순간을 버리고서 인생은 없기에 지금 당장 해야 할 일은 머리에 붙은 불을 끄듯 해야 한다.

일상생활은 늘 반복되므로 사람들은 종종 그 소중함을 잊고 소홀히 하거나 게을리하기 쉽다. 하지만 일상을 소홀히 하는 것은 인생을 소홀히 하는 것과 다를 바 없다. 또한 지금 해야 할 일을 뒤로 미루는 것은 독 묻은 화살을 맞은 사람이 곧장 화살을 빼지 않는 것만큼이나 어리석다.

옛 도인은 "졸리면 잠자고 배고프면 밥 먹는다."고 말한다. 이 말은 안빈낙도 내지 안심입명의 의미뿐만 아니라 자야 할 때 자고 일해야 할 때 일한다는 평범한 생활의 진리로도 읽힌다. 불교는 현실도피의 종교가 아니라 생활의 종교이며 삶의 예술(the Art of Living)이다. 만해 스님은 이것을 "사랑의 속박이 꿈이라면 출세(出世)의 해탈도 꿈입니다."라고 하였다. 불교의 최고선인 열반은 현실 너머 피안의 세계에 있지 않다. '삶의 완전연소'를 통해 현실세계에서 실현된다. 요컨대 올바른 생활 없이는 참다운 수행도 이루어질 수 없다. 아니 생활이 곧 수행이다.『법화경』의 다음 말씀은 이를 뒷받침해 준다. "모든 생활과 생산활동이 곧 불법이다[資生産業卽是佛法]."

불교가 생활의 종교라는 사실은 팔정도(八正道) 가운데 하나인 정명(正命, right livelihood)의 실천덕목을 통해서도 알 수 있다. 정명은 곧 '바른 생활' '바른 생계' '바른 직업'의 의미이다. 따라서 사성제(四聖諦)의 가르침에 비추어 볼 때, 불교의 궁극적 목표인 깨달음과 열반은 이 정명의 실천을 게을리해서는 성취할 수 없다.

코로나19를 겪으면서 우리는 일상의 소중함을 절실히 깨닫게 되었다. 친지들과 모여 정겹게 식사를 하거나 친구들과 담소하며 차 한 잔 마시는 것이 결코 사소한 일이 아님을 알게 된 것이다. 이를 반영하듯, 지지난해(2022) 부처님오신날 봉축 표어는 '다시 희망이 꽃피는 일상으로'였다.

이제 불교는 깨달음을 향한 수행 지침만이 아니라 일상 전반에 대한 생활 지침까지를 가르쳐 주어야 한다. 이를테면 뱃속 아이의 태교부터 부모님 제사 지내는 일까지의 통과의례, 옷 입고 식사하며 청소하고 잠자는 등의 모든 일과, 그리고 성생활과 경제생활에 이르는 생활세계 전반에 대한 불교적 방향을 제시해 줄 수 있어야 한다.

필자는 일찍이 생활세계에 대한 불교적 입장을 정리해 보고자 『불교와 문화』 및 『불타』지에 '생활세계와 불교'라는 제목으로 22편의 글을 연재하였다. 이 책 『붓다의 생활 수업』은 그 글들을 다듬고 보완한 것이다. 이 책이 완성되기까지 많은 분들의 조언과 편달이 있었다. 그 모든 분들께 이 자리를 빌어 두 손 모아 심심한 감사의 말씀을 올린다. 그리고 이 책이 빛을 볼 수 있게 해 주신 우리출판사 대표 무구 스님과 출판사여러 선생님들께도 깊이 감사드린다.

끝으로 이 책이 독자 여러분의 행복하고 여법한 삶에 작은 도움이라도 될 수 있기를 기대한다.

2024년 이른 봄
문정동 무천재(無喘齋)에서
박경준 합장

차 례

차 례

식탁에도 성찰이 필요하다

요즘 TV를 켜면 그야말로 '먹방'이 대세다. 먹방을 시청하고 있노라면 사람들이 마치 먹기 위해 사는 것 같은 생각이 들곤 한다. 현대인의 질병은 대체로 '결핍'보다 '과잉'에서 비롯된다는데 우리는 과연 어떻게 먹어야 하는 것일까.

'살고 죽는 한 가지 큰 일'(生死一大事)의 해결을 삶의 목표로 삼는 불자들은 공양하기 전에 다음과 같이 공양게송을 읊는다.

나무불 나무법 나무승

이 음식에 깃든 은혜 두 손 모아 감사하고

상구보리 하화중생 명심발원하옵니다.

어떤 때는 다음과 같이 경건하게 기도 발원하기도 한다.

한 방울의 물에도 천지의 은혜가 스며 있고, 한 알의
곡식에도 만인의 노고가 담겨 있습니다. 정성이 깃든
이 음식으로 몸과 마음을 바로하고 맑고 향기롭게 살겠
습니다. 나무 마하반야바라밀.

감사의 깊이가 더해 갈수록 인생의 깊이도 더해 간다. 그래
서일까. 이 공양기도문에서는 왠지 인생의 깊이가 느껴진다.
또한 전통적인 발우공양을 할 때 스님들이 읊는 오관게五觀偈
의 내용은 다음과 같다.

이 음식이 여기 오기까지 크고 작은 수고와 은혜에
비추어 나의 덕행德行을 헤아려 보니 공양에 응할 자
격이 도무지 없네. 내 이제 마음을 잘 지켜 탐진치로

말미암는 모든 허물을 여의고, 몸이 마르는 것을 치료
하는 양약으로 생각하여 도道를 이루기 위해 이 음식
을 받네.

부처님께서는 일찍이 『유교경遺教經』에서, 음식을 받았을
때는 마치 약을 먹듯 하고, 좋고 나쁨을 가려 생각지 말며 건
강을 유지하여 주리고 목마름을 달래는 데에 맞도록 하라고
설하셨다. 또 꿀벌이 꽃을 거쳐올 때에 꿀을 만들기에 적당한
꽃가루만을 취하고 빛깔이나 향기는 다치게 하지 않는 것처
럼, 비구도 남의 공양을 받을 때에는 주림을 달래기에만 알맞
도록 하고, 많은 것을 구해 그 착한 마음을 헐지 말라고 가르
치셨다. 오관게에는 이러한 부처님의 가르침이 고스란히 녹아
있다.

밥 한 그릇이 식탁에 오르기까지에는 천지의 은혜는 물론이
려니와 수많은 이들의 노고가 담겨 있다. 쌀 '미米' 자가 농부
들의 '여든여덟[八十八]' 번의 손길을 의미한다고 해석하는 것
도 이러한 연유에서일 것이다. 시인 김남주는 「농부의 밤」이
라는 시에서 농부들의 노고를 실감나게 그려낸다.

우두둑 우두두두둑

느닷없이 한밤중에 쏘내기 쏟아지고

잠귀 밝은 할머니 제일 먼저 듣고 소리친다.

비 온다 아그들아 내다봐라

웃통바람 애비는 가래 들고 들로

속곳바람 에미는 멍석 말아 헛간으로

눈 비비고 손주놈은 소 몰아 마구간으로

아 여름밤 쏘내기여 고단한 농부의 잠이여.

어찌 농부들의 수고뿐이겠는가. 거슬러 올라가면 농사 기술을 전수해 준 선조들과 수많은 농기구를 생산해 낸 사람, 비료와 정미소, 연료와 주방기구 생산에 관여한 사람들, 그리고 운송 유통에 종사하는 사람들… 이루 헤아릴 수가 없다. 그러니 자기 돈으로 구입했다 하여 어찌 자기 밥이라고 할 수 있겠는가. 깊이 생각하면 밥 한 그릇에는 인류 전체, 우주 전체의 은혜와 공덕이 깃들어 있는 것이다.(김재웅, 『닦는 마음 밝은 마음』)

그렇기 때문에 스님들과 불자들은 감사와 공경의 마음으로 식사에 임하고 식사예절을 지켜야 한다. 여러 율전律典에 실린 식사예절을 몇 가지만 살펴보면 다음과 같다.

음식을 좋다, 나쁘다 평하지 마라.

음식을 입에 물고 말하거나 소리 내어 씹지 마라.

웃고 이야기하며 먹지 마라.

음식에 벌레가 있거든 아무도 모르게 치워버려 곁에
있는 사람이 보고 의심하지 않게 하라.

앉은자리에서 한 번에 먹어야 하고 자리를 옮겨서 먹
으면 안 된다.

손가락으로 그릇을 훑어 먹지 말고, 너무 빨리 먹거
나 늦게 먹지 마라.

밥에 뉘가 있으면 껍질을 벗겨 먹고, 밥을 다 먹고
나서 먼저 일어나면 안 된다.

우리도 때와 장소에 맞는 식사예절을 배우고 익히도록 노력
해야 한다. 감사하고 경건한 마음으로 공양한다고 해서 꼭 경
직된 분위기를 고집할 필요는 없다. 참으로 감사한 마음이라
면 오히려 즐겁고 편안한 마음으로 식사에 임해야 하지 않을
까? 또한 참으로 감사한 마음이라면 곡식과 채소 등을 신선하
게 관리하고 정성껏 요리하여 먹어야 하지 않을까?

옛날에 공자孔子는 자기 부인이 음식 솜씨가 서툴다고 이혼

을 할 정도로 음식 문제에 대해서만큼은 까다로웠던 것 같다. 『논어』「향당鄕黨」장에 의하면, 공자는 희고 정제된 밥과 잘게 썬 회膾를 좋아하였다. 밥과 고기 등이 쉬거나 썩고 냄새가 안 좋거나 빛깔이 나쁘면 먹지 않았다. 또한 그는 알맞게 익지 않으면 먹지 않았고, 덜 익은 과일이나 바르게 자르지 않은 고기는 먹지 않았다. 음식의 간과 양념이 맞지 않으면 먹지 않았고, 가게에서 사온 술과 포육脯肉은 거들떠보지 않았고 생강은 끼니마다 먹었으며, 과식을 삼갔다. 또한 조찬 나물국이라도 곡신에게 제사하며 반드시 재계齋戒하듯 하였다.

공자님께는 외람되지만, 음식을 만드는 사람의 입장에서는 위의 내용에 비추어 최선을 다해야 하겠으나, 먹는 사람의 입장에서는 음식 맛을 너무 따지지 말고, 오히려 조금 싱거운 음식은 삼삼해서 맛있고 조금 매운 것은 얼큰해서 맛있다고 하는 식으로 덕담을 하는 것이 좋으리라.

음식 맛에 지나치게 탐착하는 것은 분명 문제가 있지만, 이왕이면 신선하고 입맛에 맞는 음식을 추구하고 개발하는 것은 당연한 문화인의 길이 아니겠는가. "요리 솜씨가 좋은 여자와 결혼하라."라는 서양 속담이나 "식사는 자기 기호에 맞추고 복장은 사회의 풍조에 맞춰라."라는 탈무드의 가르침에는 그

나름의 지혜가 있다고 본다.

최근 웰빙 열풍이 불면서 건강에 대한 관심이 그 어느 때보다도 높아가고 있는 가운데 '육식肉食' 문제가 이슈가 되고 있다. 그러나 육식 문제에 대한 불교의 입장은 시대와 지역에 따라 차이를 보이고 있어 현재로서는 명확한 입장 표명을 하기 쉽지 않은 실정이다.

대승불교권에서는 육식을 금하는 것이 기본 입장이다. 그것은 『범망경梵網經』의 보살계 내용을 통해서도 알 수 있다.

너희 불자는 고기를 먹지 말지니, 어떤 중생의 고기라도 먹지 말아야 하느니라. 고기를 먹는 이는 대자비의 불성 종자를 끊는 것이어서 중생들이 보고는 도망가나니, 그러므로 모든 보살들은 고기를 먹지 말아야 하느니라. 고기를 먹으면 한량없는 죄를 짓는 것이니, 고기를 먹는 이는 경구죄輕垢罪를 범한 것이 되느니라.

그러나 초기 경전인 『맛지마 니까야』의 「지바카경」 등에 따르면, 부처님은 육식을 어느 정도 허용하고 계신다.

지바카여, 고기를 먹어서는 안 되는 세 가지 경우가 있으니(자신을 위해 짐승이 도살된 것을) 보았거나, 들었거나, 의심되는 경우이니라. 고기를 먹어도 되는 세 가지 경우가 있으니 보았거나, 들었거나, 의심되지 않는 경우이니라.

이것은 부처님의 사촌인 데바닷다가 부처님을 비판한 다섯 가지 사항[五法] 가운데 하나인 '생선과 고기를 먹지 말아야 한다.'는 내용을 통해서도 알 수 있다.

하지만 이제 우리는 육식 문제에 대해 진지하게 고민해야 한다. 피터 싱어와 짐 메이슨은 그들이 함께 쓴 『죽음의 밥상』에서, 식료품 가게에 산뜻하게 진열된 식품들의 배후에 도사리고 있는 참으로 불결하고 비윤리적이고 잔혹한 생산 과정을 생생하게 밝힌다.

우리와 똑같이 고통을 느끼는 존재인 동물을 가두고, 때리고, 피를 뽑고, 목을 자르고… 더 많은 달걀을 얻기 위해 닭을 굶기고, 돼지를 더 살찌우기 위해 움직이지 못하게 가두고, 성장 호르몬 주사를 놓고… 그들은 미국에서 매년 도살되는 동물이 100억 마리에 달한다고 주장하며, 잔인하게 사육되는 대

18

붓다의 생활 수업

형 농장들의 어두운 이면을 폭로한다.

더욱이 사육되는 소나 돼지 등은 엄청난 양의 곡물과 물과 방목장을 필요로 한다. 그 때문에 열대우림이 파괴되고, 목초지는 사막화하며, 배설물이 토양과 수질과 대기를 오염시켜 환경위기를 부추긴다. 햄버거용 소고기 100g을 만드는 데 필요한 물이 2천ℓ이고, 햄버거 한 조각 때문에 사라지는 숲이 약 5㎡(1.5평)라고 한다. 이처럼 육식은 윤리, 환경, 나아가 건강 측면에서 많은 문제점을 안고 있다. 불교인들도 이제 육식의 전면 금지까지는 아니더라도 생명 존중과 환경의 관점에서 무절제한 육식문화를 돌아보고 소박한 식생활을 선도해 가야 하지 않을까 하는 생각이다.

또한 우리는 '공정무역'에 대해서도 적극적인 관심을 가져야 한다. 예컨대 우리가 마시는 커피 한 잔의 가격 구성을 보면 가공비, 유통비, 판매업자의 이윤이 93.8%에 달하는 반면 커피 생산 농가의 수입은 0.5%에 불과하다고 하니 어불성설이다. 우리 식탁에 오르는 많은 식품들의 가격 구성비도 꼼꼼하게 살펴볼 일이다.

다음은 불교인들이 식생활에서 지켜가야 할 것들이다.

첫째, 찌꺼기 하나 남기지 않는 발우공양의 정신을 살려 음식물 쓰레기를 최소화하고 빈그릇 운동 등에 동참한다.

둘째, 무절제한 육식을 줄이고 채식 위주로 식단을 바꿔 나간다.

셋째, 맛에 탐착하지 않는다. 음식은 '육신을 지탱하는 약'으로 알아 경건하게 받는다.

넷째, 가급적 지역에서 생산된 식품과 제철음식을 먹도록 한다. 생산지에서 식탁까지 식재료의 이동거리가 멀수록 더 많은 환경오염을 유발하고 안전하지 않다는 점에서 '로컬푸드'(*local food*)의 소비는 매우 바람직한 일이다.

다섯째, 규칙적으로 먹고 골고루 먹는 식사 습관을 기른다. 인생이 경험이라면 다양한 음식의 경험은 결과적으로 우리의 인생을 그만큼 풍요롭게 해줄 것이다.

끝으로 불교인이라면 누구나 한 번쯤 템플스테이 등을 통해 발우공양을 경험해 볼 것을 적극 권한다. 발우공양은 일생일대의 의미 있는 체험이 될 것이다.

내면의 멋과 향기가 우러나와야

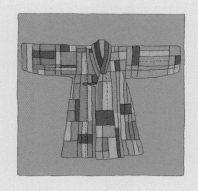

성철 스님의 유품 가운데 보는 이들의 마음을 뭉클하게 하는 것이 있다. 스님께서 40년 동안 기워 입은 누더기 장삼이다. 스님은 고희를 넘겨서도 손수 바느질하며 옷을 기워 입었다. 그 모습이 안쓰러워 제자들이 새옷을 입으라고 간청하면 "중이라면 기워 입고 살 줄 알아야제!" 하며 크게 호통을 치시곤 했다고 한다. 우리들 자신을 돌아보게 하는 큰 울림의 일화가 아닐 수 없다.

인간의 기본적인 생활을 '의-식-주' 순서로 이야기하는 것은 옷 입는 일이 인간 생활에서 그만큼 중요하다는 의미일 것이다. 물론 따뜻한 지방의 원시부족이나 자이나교의 일부 수행자와 같이 옷을 입지 않는 사람들도 있기는 하지만 그것은 극히 예외적인 경우이고, 대부분의 사람들은 옷 없이는 살아갈 수가 없다. 그래서 '옷은 제2의 피부'라고도 한다.

인류가 처음 옷을 입기 시작한 것은 아마도 수만 년 전 구석기시대였던 것 같다. 선사시대의 무덤이나 동굴벽화 등을 살펴보면 사냥한 짐승의 털로 몸을 감싼 흔적이나 모습을 볼 수 있기 때문이다.

옷은 무엇보다도 인간의 나약한 육체를 보호하기 위해 필요한 것이다. 뜨거운 태양열이나 눈보라와 비바람을 막아 체온을 조절하고 해충이나 나뭇가지로부터 몸을 보호하며 흙과 모래와 먼지 등을 차단하여 몸의 청결을 유지할 수 있게 한다. 그러나 옷에는 이러한 일차적인 보건위생적 기능만 있는 것이 아니라 심리적 · 사회적 기능도 없지 않다.

성경에, 아담과 이브가 뱀의 유혹으로 선악과를 먹은 후 자신들의 발가벗은 몸을 부끄러워하여 나뭇잎으로 몸을 가렸다는 것처럼, 인간은 수치심 때문에 옷을 입게 되었다는 주장도 있다. 종족보존을 위해 이성을 효과적으로 끌어들이기 위한 수단으로 옷이 이용되었다는 주장도 제기된다. 또한 의복은 자신의 직업이나 지위, 신분과 소속 집단을 표현하는 기능이 있고, 통과의례의 상징 수단으로도 이용된다. 나아가 자신만의 독특한 개성을 표현하고 자신을 아름답게 장식하기 위해서도 우리는 종종 옷을 활용한다.

이러한 옷의 다양한 기능 때문에 우리 생활 속에도 다양한 종류의 옷이 필요하게 된다. 속옷, 잠옷, 평상복, 외출복, 교복, 군복, 운동복, 작업복, 정장, 상복, 예복 등이 그것이다. 여기서 특히 정장의 경우에는 세트 개념이 도입된다. 우리의 전통적인 한복의 예를 들면 속적삼, 속고의, 바지, 저고리, 대님, 조끼, 마고자, 두루마기 등이 한 세트를 이룬다. 그러므로 걸치기만 하면 옷이라는 생각은 금물이다. 옷에 대한 관심과 지식은 인간의 삶에 필수적이다.

그러나 불교적으로 보면 옷으로 자신을 지나치게 치장하는 것은 경계해야 한다. 그것은 자신의 내면을 향한 성찰의 시간과 정력을 빼앗아 해탈과 열반의 길에 장애가 되기 때문이다.

불교 문헌에 따르면, 부처님 당시의 출가 수행자들은 참으로 단순하고 거친 옷을 입어야 했다. 출가자들이 입는 옷은 분소의糞掃衣라고 불린다. 분소의란 말 그대로 똥 묻은 것과 같이 더러운 헌 옷을 깨끗하게 빨아서 만든 옷이다. 출가자는 세속인들이 버린 더럽고 낡은 옷을 주워다 깨끗이 빨아, 그것을 조각조각 기워서 옷을 지어 입었다. 수행자의 옷을 납의納衣라고 하는 것도 바로 이 때문이다. 율장에는 시체를 쌌던 옷을 주워서 이용한 제자들의 이야기도 나온다. 출가자들이 이런 옷을 입는 데에는 경제적인 이유도 있었겠지만, 수행의 큰 장애물인 탐심貪心을 여의기 위한 것이 가장 큰 이유였던 것으로 생각된다.

이 분소의는 거칠고 단순할 뿐만 아니라 빛깔도 화려하면 안 되었다. 부처님께서는 출가자들이 입을 가사의 염색으로 괴색壞色만을 허락하셨다. 괴색이란 파랑·노랑·빨강·하양·검정의 선명한 정색正色을 부수어 희석시키고 탈색시킨 '파괴된 색깔' 이라는 의미이다.

그러나 이 괴색의 전통은 불교교단이 훗날 부파불교시대를 맞이하여 각 부파가 그 부파의 상징을 가사 색깔을 통해 드러내려 하면서 온전히 전승되지 못하게 된다. 『대비구삼천위의大比丘三千威儀』에 따르면, 살화다부는 민첩한 지혜를 통달하여

법으로써 교화하여 중생을 이롭게 하므로 진홍색 가사를, 담무덕부는 중계重戒를 잘 지켜 법률을 처단하므로 검정색 가사를, 가섭유부는 용맹스럽게 정진하여 중생을 잘 구호하므로 목란색 가사를, 미사색부는 선정에 깊이 들어 깊고 그윽한 진리를 궁구하므로 청색 가사를, 마하승부는 경전을 부지런히 배워 깊은 뜻을 잘 부연하므로 황색 가사를 입게 되었다고 한다.

오늘날 우리나라 여러 불교 종단의 스님들이 갖가지 색깔과 모양의 가사를 착용하는 것도 그 연원은 여기에 있다고 생각된다.

또한 부처님은 제자들에게 세 가지 이상의 옷을 갖지 못하도록 하셨다. 그것은 어느 때, 부처님이 옷을 많이 가진 제자들이 혹은 머리에 이고 혹은 어깨에 메고 혹은 허리에 찬 모습을 보시고 그것이 좋아 보이지 않아서 옷의 한도를 정해야 할 필요성을 느낀 데서 연유한다.

『사분율四分律』에 의하면, 부처님은 제자들에게 다음과 같이 설하신다.

 내가 초저녁에 한데에 앉을 때는 옷 하나를 입었고, 밤중이 되어 추위를 느껴 둘째 옷을 입었고 새벽이 되

어 더욱 추위를 느껴 셋째 옷을 입었다. 그러므로 생각
하되 '오는 세상에 착한 남자들이 추위를 견디지 못하
거든 세 옷만을 갖게 하면 족하리라. 나는 지금 비구들
을 규제해서 세 가지 옷만을 가지게 하리라. 더 이상은
가지지 못하게 하리라.' 하였다. 지금부터 비구들에게
세 가지 옷만을 가지게 하노니, 더는 갖지 못한다.

또한 『사분율』에는 오늘날 스님들이 입는 가사의 유래에 대
한 기록이 있어 흥미롭다. 어느 때 부처님이 왕사성을 떠나 남
쪽으로 길을 가던 중, 길가 논의 논두렁이 가지런한 것을 보시
고 아난에게 비구들의 옷도 논두렁 모양으로 만들도록 하면
좋겠다고 말씀하셨다. 이에 아난은 왕사성으로 돌아와 비구들
에게 할절의割截衣, 즉 천을 조각내어 붙인 옷을 만드는 법에
대해 가르쳤다. 긴 조각(長條)과 짧은 조각(短條), 그리고 잎(葉)
등을 양쪽으로 향하게 하여 꿰매는 방법을 일러준 것이다. 부
처님은 나중에 다시 왕사성으로 돌아가 비구들에게 설하신다.

 과거의 여러 부처님의 제자들도 이런 옷을 입었으
니, 오늘의 내 제자와 같고, 미래의 여러 부처님의 제

자들도 이런 옷을 입으리니, 오늘의 내 제자와 같으리
라. 칼로 재단해서 사문의 옷을 이루면 도적에게 빼앗
기지 않으리라. 오늘부터 비구들은 안타회, 울다라승,
승가리를 조각내어서 만들라.

불교에서 흔히 삼의일발三衣一鉢이라는 말을 많이 하는데,
이 삼의가 바로 위의 안타회, 울다라승, 승가리다. 안타회安陀
會는 내의內衣 또는 중숙의中宿衣라고 번역되며, 절 안에서 작
업할 때 또는 상에 누울 때에 입는 5조 가사이다. 울다라승鬱
多羅僧은 상의上衣, 중가의中價衣, 입중의入衆衣라고 하며 예불,
독경, 청강, 포살 때에 입는 7조 가사이다. 승가리僧伽梨는 대
의大衣, 중의重衣라는 의미이며 마을이나 궁중에 들어갈 때 입
는 9조 내지 25조 가사이다.

틱낫한 스님 등이 개정한 바라제목차에는 '광택이 나거나
화려한 색깔의 재료, 또는 금실이나 반짝이는 구슬들과 함께
바느질되어, 어떤 종류든 눈길을 끄는 재료로 만든 법의法衣
등을 입는 비구는 사출捨出과 참회 고백해야 하는 죄[捨隨罪]를
범하는 것이다.'는 조항이 들어있어 눈길을 끈다.

요컨대 출가한 스님들은 이처럼 단순하고 질박한 법의를 착

용하는 것이 상례임에 비추어 볼 때, 재가불자들이나 일반인들도 지나치게 사치스럽거나 화려한 옷은 삼가는 것이 좋겠다. 또한 출가자들은 세 가지 옷으로 만족하는데, 우리가 너무나 많은 옷을 지니는 것도 바람직하지 않다. 그것은 자원의 낭비와 사회적 손실을 초래할 뿐만 아니라, 환경 파괴의 원인이 된다. 수많은 옷 가운데서 오늘은 어떤 옷을 입어야 하나 하면서 매일처럼 고민해야 하는 것은 또 하나의 보이지 않는 번뇌이며 괴로움이라는 사실도 우리는 명심해야 한다. 의류업계는 패스트 패션(Fast Fashion) 전략을 구사하며 새로운 디자인의 값싼 옷들을 쏟아낸다. 이 옷들은 유행에 민감한 현대인들의 소비욕망과 충동구매를 부추긴다. 이 옷들은 결국 한철만 입고 버려지거나 옷장 안에 오랫동안 처박혀 있기 일쑤다.

"옷은 새 옷이 좋고 사람은 옛 사람이 좋다."는 속담이 있지만, 옷을 너무 자주 새것으로 바꾸는 것은 바람직하지 않다고 본다. 새 옷은 비용은 물론 신경도 더 쓰이게 된다. 하지만 오래 입은 옷은 몸에 편하고 옷매무새에 신경이 덜 쓰이는 장점도 있다. 불교인은 백팔 번뇌든 팔만사천 번뇌든 모든 번뇌를 극복해야 하므로 번뇌를 일으킬 수 있는 생활환경을 원천적으로 차단하는 것이 지혜롭다 할 것이다.

요즈음 우리 사회는 너무 외모지향적이다. 멀쩡한 얼굴에 칼을 대서 부작용으로 고생하는 사람들도 많다. 무엇이 우리에게 참으로 값진 것인지 진지하게 생각해 봐야 한다. 옷은 자신의 처지에 맞게, 단정하고 깨끗하게, 쾌적하고 편리하게 입으면 그만이다. 출가 수행자가 밖을 향하는 마음을 돌이켜 마음의 정원을 가꾸는 것처럼, 우리도 시간을 아껴 내면을 살피도록 해야 할 것이다. 옷으로 상대방을 배려하기보다는 내면의 멋과 인격의 향기로 배려하는 것이 진정한 배려가 아니겠는가.

끝으로 우리는 이제 의류 재활용 문제에 대해 깊은 관심을 가져야 한다. 지금 당장 옷장을 열어 잠자고 있는 옷들과 유행이 지난 옷들을 골라 손질하고 세탁해서 필요한 누군가에게 또는 '아름다운 가게' 등에 기부하도록 해야 한다. 나아가 제3세계 사람들에게도 전달되어 유용하게 쓰일 수 있도록 하면 좋을 것이다.

입다

죽음보다 깊은 잠

인도의 시성 타고르는 『기탄잘리』에서 다음과 같이 노래
한다.

 내가 피곤하여 태만의 잠자리에 들면

모든 일은 중지되리라 여겼지만

아침이 되어 눈떴을 때

내 정원은 꽃들의 기적으로 가득했습니다.

− 『기탄잘리』 81 −

이 시는 직접 잠을 주제로 하고 있지는 않지만 잠에 대한 새로운 눈을 뜨게 해 주는 하나의 실마리를 제공해 준다.

얼핏 생각하면, 인간의 삶은 낮 동안의 활동으로만 이루어져 있는 듯하다. 그러나 그것은 피상적인 생각이다. 잘 살펴보면 인생이라는 천은 활동이라는 씨줄과 잠이라는 날줄로 촘촘히 짜여져 있다. 다소 개인차는 있겠지만, 사람들은 인생의 약 1/3을 잠자는 데 쓴다. 그만큼 잠은 우리 인생에 있어서 큰 비중을 차지하고 있는 것이다. 그런데도 우리들은 생활과 활동에 대해서는 많은 것을 생각하고 준비하는데 반해, 잠자는 일에 대해서는 별로 신경을 쓰지 않는다. 활동하는 일은 적극적으로 배우고 애써 노력하면서도 잠자는 일은 지식도 필요 없고 특별한 노력도 필요 없다고 생각한다. 잠은 그냥 자기만 하면 되는 것이라는 편견과 고정관념을 갖고 있는 것이다.

불교의 연기적 세계관은 결코 신비적이거나 초현실적인 것이 아니다. 그것은 근본적으로 인간과 세계에 대한 있는 그대로의 통찰과 합리적·과학적 사고방식을 요청한다. 그것은 나아가 삶에 대한 유기적·역동적·총체적 사유체계를 요구한다. 우리는 삶의 중요한 한 축을 이루고 있으면서도 푸대접을 받고 있는 잠에 대해 불교적 조명을 시도해 봄으로써 잠에 대한 바른 인식과 태도를 확립하고, 궁극적으로 '올바른 삶' 의 이정표를 세워야 한다.

잠을 연구하는 학자들은 흥미 있는 사실을 우리에게 알려준다. 잠에는 일정한 단계와 주기가 있다는 것이다.

사람들은 대개 약 90분을 주기로, 얕은 잠으로부터 시작해서 깊은 잠을 자다가 다시 얕은 잠으로 돌아와, 꿈으로 끝을 맺는다. 그래서 아침에는 꿈을 꾸는 도중에 잠에서 깨어나기 십상이다. 꿈을 꾸는 수면단계는 급속한 안구 운동을 수반하기 때문에 렘(*Rapid Eye Movement*)수면(역설수면이라고도 함)이라고 한다. 렘수면 때에는 호흡이 가빠지고 심장박동도 빨라지며 남자들의 경우에는 음경이 발기된다. 렘수면이 아닌 보통의 수면은 비렘수면(또는 *Ortho*수면)이라고 부른다. 비렘수면은 뇌파의 종류에 따라 4단계로 나뉘며 1단계에서 4단계로 나아갈수록 잠은 깊어진다. 1단계는 막 잠에 들기 시작하는 시기로서 대략 30초에서 7분 정도가 걸린다. 잠을 청하는 동안 졸리면서 뇌파는 느려져 깨어있을 때 주로 나타나는 베타파와 알파파가 사라지고, 보다 촘촘한 쎄타파가 많이 나타난다. 이때에는 외부의 소음에 무뎌지는 등, 의식의 경계선을 넘나든다.

2단계는 가벼운 잠이 드는 시기로서 뇌파는 점점 더 느려지고 방추 모양의 작고 빠른 파가 나타난다. 아래위로 삐쭉 튀어나온 'K복합' 뇌파도 보인다. 이 상태에서는 잠든 사람을 쉽게 깨울 수는 있지만, 1단계에서와 같이 약한 소리에 반응을 보이지는 않는다.

3단계와 4단계에서는 델타파라는 비교적 느리고 진폭이 큰 뇌파가 나타나는데 이때의 잠을 델타수면 또는 서파수면(*slow-wave sleep*)이라고 한다. 이 단계는 잠에 취했다고 할 수 있을 만큼 깊은 잠에 빠진 시기다. 이러한 단계의 잠에서 사람을 깨우면, 자신이 있는 곳이 어디인지, 몇 시인지도 가늠하기 어렵다고 한다. 이 시기의 잠에 문제가 생기면 야뇨증·몽유병·악몽 등이 나타날 수 있다.

이 중 제2단계의 수면이 전체 수면의 약 50%를 차지하고, 다음으로 렘수면이 20~30%를, 3~4단계가 10~20%를, 1단계가 약 5%를 차지한다. 비렘수면의 제1단계부터 렘수면까지를 1주기로 보는데, 보통 이 주기가 하룻밤에 4~5차례 반복된다.

수면은 뇌기능, 호흡, 심장기능, 호르몬 분비, 혈압 등의 다양한 생리적 변화와 관련이 있기 때문에 나이에 따라 수면의 양상도 변하게 된다. 어린아이는 전체 수면 시간이 길고 그 중에서도 렘수면이 차지하는 비율이 높다. 나이가 들어갈수록 전체 수면 시간과 렘수면 시간은 줄어든다.

그런데 이러한 잠은 우리에게 왜 필요한 것일까. 이에 대한 결정적·종합적인 해답이 아직까지는 명쾌하게 제시되지 않고 있는 실정이다. 그러나 비록 부분적인 대답이기는 하지만, 잠에는 진화론적 측면과 개체의 생리적·심리적 회복의 기능이 있다는 데는 대체적으로 의견이 일치하고 있는 것 같다.

모든 동물은 생체시계를 가지고 있어 낮과 밤의 리듬에 따라 생명활동을 영위한다. 사람은 햇빛이 완전히 차단된 캄캄한 동굴 속에서도 밤 시간에는 잠을 자고 낮 시간에는 깨어 있으며, 때가 되면 식사를 한다. 자연스런 진화의 산물이라 할 수 있는 이 신체리듬의 한 측면이 바로 잠인 것이다. 이 리듬에 문제가 생기면 육체적·정신적으로 불협화음이 생겨 병에 걸리고 나아가 생존마저 어렵게 된다.

잠은 휴식을 통한 피로회복의 수단이라 할 수 있다. 우리가 낮 동안에 부지런히 활동하면 몸에 유산이 쌓여 피로를 느끼게 되는데, 누워서 근육을 쉬게 하면 유산은 탄산가스와 물로 분해되어 피로가 사라지게 된다. 또한 대뇌가 활발하게 움직이기 위해서는 글루타민산을 비롯한 신경전달 물질과 호르몬에 의해 잘 통합된 신경세포가 원활히 움직여 주어야 한다. 그럼으로써 우리들의 정신기능은 다시 정상적으로 회복하게 된다. 잠 연구자들에 따르면, 렘수면은 정신적 갈등을 해소하는 시간이고, 비렘수면은 신체적 에너지를 보충하는 시간이다. 그래서 정신적 갈등이 많으면 꿈을 꾸는 렘수면이 더 증가한다고 한다.

잠이 필요한 것은 이처럼 잠이 단순한 피로회복의 차원을 넘어, 지난 일에 대한 갈등의 해소와 미래에 대한 적극적 준비 과정을 담고 있기 때문이다.

그렇다면 불교에서는 이러한 잠을 어떻게 보고 있는 것일까. 불교에서는 근본적으로 잠 그 자체를 부정하지는 않는다. 다만 잠은 우리의 마음을 암매暗昧케 하여 지혜의 계발을 가로막는 측면이 있기 때문에, 잠으로 해소해야 할 정신적 갈등을 참선 수행 등으로 말끔히 정화하여 생활에 꼭 필요한 수면만을 취할 것을 가르친다. 불교에서는 필요 이상의 잠을 오욕五

欲의 하나로 삼기도 하고 심지어 수마睡魔라고까지 하여 경계하고 있다. 이 수마는 수행자들에게 흔히 깨달음의 마지막 관문으로 인식되기도 한다. 부처님은 한 초기경전에서 다음과 같이 설하셨다.

 일어나 앉아라. 잠을 자서 그대들에게 무슨 이익이 있겠는가.

화살에 맞아 고통 받는 이에게 잠이 웬 말인가.

－『숫타니파타』331 －

이러한 부처님의 입장은 다음과 같은 일화에서도 잘 나타나 있다.

부처님이 어느 날 제자 아난과 함께 길을 가고 있었는데, 저 멀리서 한 양치기가 양과 못된 짓을 하고 있었다. 그것을 보고 얼굴을 붉힌 아난에게 부처님께서 말씀하셨다.

"그냥 두어라. 그래도 낮잠 자는 것보다는 낫느니라."

한 번은 아나율 존자가 부처님의 설법을 듣다가 꾸벅꾸벅 졸았는데, 부처님은 그것은 출가 수행자의 자세가 아니라며 준엄하게 꾸짖었다. 이에 아나율은 아예 잠을 자지 않겠다는 결심을 하고 오랫동안 잠을 자지 않아 눈병을 얻게 되었다. 하지만 치료도 거부하며 마침내 실명을 하게 되었고, 그 대신 천안天眼을 얻어 천안제일의 제자가 되었다는 이야기도 전한다. 부처님이 아나율의 극단적인 행동 또한 비판하신 것은 물론이다.

잠을 경계하는 이러한 전통은 우리나라 불교계에도 그대로 전승되고 있다. 고려 말의 야운野雲 스님은 「자경문」에서 다음과 같이 경책한다.

 삼경(저녁 9시~새벽3시)이 아니면 잠자지 말라. 끝없이 오랜 세월을 두고 수도를 방해하는 것은 졸음보다 더한 것이 없다. 하루 종일 어느 때나 맑은 정신으로 의심을 일으켜 흐리지 말고, 앉거나 서거나 가만히 마음을 살펴보아라. 한평생을 헛되이 보낸다면 두고두고 한이 될 것이다. 덧없는 세월은 찰나와 같으니 한때라도 보증할 수 없다. 조사의 관문을 뚫지 못했다면 어찌 편안하게 잠들 수 있겠는가.

밝은 지혜를 통한 깨달음을 추구하는 불교적 입장에서 본다면 수면은 분명 부정적 요소를 많이 지니고 있다 할 것이며, 그러한 관점은 교리 체계에도 그대로 반영되고 있다. 예컨대 아비달마불교에서는 수면이 심소법心所法 중에 부정지법不定之法의 하나로 편입되어 있으며, 마음을 어둡게 하는 작용이라고 정의한다. 나아가 수睡와 면眠을 구분하여, 수는 의식意識이 혼미한 것을, 면은 5식 또는 오정五情이 캄캄하여 작용하지 않는 것을 일컫는다고 설명한다.

또한 수면에는
● 나쁜 꿈이 많고
● 여러 천신이 돌보지 않고
● 마음이 법에 들지 못하고
● 밝은 모습[明相]을 생각하지 못하고
● 몽정을 하기도 하는 등

다섯 가지 허물이 있다는 기록도 보인다.

대승 『열반경』에서는, 방일放逸에는 열세 가지의 허물이 있어서 열반을 방해한다고 하면서 열세 가지 허물의 하나로 '잠을 즐기는 것'을 제시하고 있다.

이렇게 볼 때 모든 불교인은 잠자는 문제에 대해 항상 신중하게 접근해야 하며, 잠의 부정적 측면을 최소화하기 위한 노력을 아끼지 말아야 한다.

이제 잠자는 방법에 대해 조금 구체적으로 살펴보기로 하자. 부처님은 잠자는 법에 대해 어떻게 가르쳤을까.『중아함』「시자경侍者經」에 의하면, 부처님은 제자들에게 사자처럼 누우라고 가르친다. 사자처럼 잔다는 것은, 먼저 울다라승(上衣 : 예불·독경 등의 대중 모임 때에 입는 옷)을 네 겹으로 접어 평상에 펴고, 승가리(大衣: 설법할 때나 걸식할 때 입는 옷)를 접어 베개를 만들며, 오른쪽으로 누워 발을 포개고, 뜻은 밝은 모습·바른 생각·바른 지혜·늘 일어나려는 생각에 매어두며, 새벽녘에는 빨리 자리에서 일어나 거닐거나 좌선하여 마음속의 장애 되는 법을 깨끗이 버리는 것을 의미한다.

다시 말해 잠자는 자세는 오른쪽 옆으로 누워 계시는 부처님의 열반상을 생각하면 된다. 대학 시절에 어떤 스님께서 축생은 엎드려 자고 아귀는 왼쪽 옆으로 자며 시체는 똑바로 누워서 잔다고 말씀하시는 것을 들은 적이 있다. 모든 포유동물은 내장이 척추에 수직으로 매달려 있어서 똑바로 눕거나 엎드려서 자면 압박을 받아 그 기능이 떨어진다고 한다. 공자가 "시체처럼 똑바로 누워 자지 말라."고 한 이야기나, 소크라테

스가 "오른쪽으로 누워 자면 형이상학적 사고를 하고 왼쪽으로 누워 자면 형이하학적 사고를 한다."고 한 이야기도 귀담아 들을 일이다. 어쨌든 인도 의학과 한의학의 이론에서는, 오른쪽으로 누워 자는 것이 마음과 생명 에너지를 안정시키기 때문에 좋다고 주장한다. 반면에 왼쪽으로 자면 마음에 탐욕과 분노가 생기고 생명에너지를 소비한다. 이 때문에 일부 밀교경전에서는 왼쪽으로 누워 자면 무간지옥에 떨어진다고 설하는지도 모른다.(「이태영의 수행이야기」 법보신문 제615호)

경전의 가르침들을 종합해 보면 적게 자되 숙면을 취하고 일찍 일어나는 것이 좋다. 최근 미국 캘리포니아대학의 한 연구팀은, 성인의 경우 "8시간을 넘게 자면 오히려 수명이 줄어든다."는 연구결과를 발표하여 사람들의 이목을 끈 바 있다. 기철학적 한의학의 입장에 따르면, 아침 일찍 일어나면 새벽에 가장 많이 발동하는 천기를 받아들여 심신의 건강에 좋다고 한다.

그리고 "성인은 꿈이 없다."(聖者無夢)는 말이 시사하듯 불교적으로 보면 잠잘 때, 꿈을 꾸지 않는 것이 좋다. 앞에서 살펴보았듯이 정신적 갈등과 번민이 많으면 꿈도 많다고 했는

데, 정신적 고통과 번뇌가 사라지면 꿈도 사라질 것은 당연한 이치다. 칼 힐티가 잠을 잘 이루는 방법으로 착한 행위, 확실히 좋은 일의 계획, 참회, 화해, 장래의 생활을 위한 확고한 결심 등을 제시한 것도 이러한 맥락에서 이해하면 좋을 것이다.

현대 의학에서 불면증의 원인으로 불안·공포·불만·실망·번민·비애·분노·환희 등의 정신적 원인과 신체의 과로·다른 병·빛·소음·온도·습도·기압 등의 신체적 및 환경적 원인을 들고 있는 것도 주의할 일이다. 이것은 결국 숙면을 위해서는 정신적 평정, 문단속 등의 확실한 주변정리, 규칙적인 수면, 소음 차단, 적절한 습도와 온도 유지, 음식물 조절, 적당한 운동, 흡연 금지, 과음 금지 등의 실천이 필수적이라는 말이다.

결국, 우리가 부처님의 가르침에 따라 하루하루 마음과 행동과 말을 바르게 닦아간다면, 번뇌가 없는 숙면을 통해 수면 시간을 줄이고 자기 성찰에 필요한 깨어있는 시간을 더 많이 확보해 갈 수 있을 것이다. 이제 우리는 '죽음보다 깊은 잠'이라는 구호를 내걸고 잠을 죽음의 연습으로 삼아보면 어떨까. 잠에서 깨어나지 못하면 잠은 곧 죽음이 될 터이기 때문이다.

그리하여 잠들 때 우리는 오늘 하루뿐만 아니라 지금까지의 인생을 총결산하는 습관을 길러보자. 그러다 보면 우리들의 어리석고 헛되고 부질없는 생각과 행동들이 더욱 선명하게 드러나게 될 것이고, 그리하여 이것들을 자꾸자꾸 지우고 비워가면 해탈과 열반도 그렇게 멀지만은 않을 것이다.

본능의 성 혹은 인간적인 성

 두 몸

마주보는 두 몸은

때로는 두 개의 파도다

그리고 밤은 대양

마주보는 두 몸은

때로는 두 개의 돌멩이다

그리고 밤은 사막

마주보는 두 몸은
때로는 뿌리다
어둠 속에 서로 얽혀 있는

마주보는 두 몸은
때로는 날이 선 칼이다
그리고 밤은 번개

마주보는 두 몸은
두 개의 별똥별
빈 하늘에 떨어지고 있다.

– 옥타비오 빠스(1914~1998, 멕시코 시인) –

우리는 종종 "살자니 고생이요 죽자니 청춘이라."는 이야기를 듣는다. 여기서 말하는 청춘의 핵심 콘텐츠는 아마도 사랑과 성(sex)일 것이다. 그러니 위 이야기는 결국 "우리가 이토록 고통스러운 인생을 살아가는 이유는 다름 아닌 사랑과 성 때문이라"는 말이 된다. 특히 결혼 생활에 있어 사랑과 성은 매우 중요한 의미를 갖는다. 이러한 사랑과 성은 오늘날 크게 남용되고 오용되고 있다. 사랑이라는 말은 갈수록 남발되고 성은 더욱 개방되고 자유로워져 혼외정사라는 단어도 쉽게 접할 수 있게 되었다. 리스본 해안에서 만난 젊은 백인 여성으로부터 들었다는 우리나라 한 소설가의 다음 전언은 이러한 시대조류를 생생하게 드러내 준다.

"다른 남자와 섹스를 즐겼다고 해서 남편에 대한 사랑이 줄어든 것이라고 생각하지 않아요. 남편은 현재 여기에 없으니까. 물론 사람에 따라선 남편 이외의 남자와는 관계를 갖기 싫어하는 경우도 있겠죠. 그러나 그런 아내라야 남편을 더 많이 사랑하고 그렇지 않으니까 남편을 덜 사랑하는 것이라고 생각하지는 않아요. 문제는 기분 아니겠어요?"

유럽에서는 가정주부의 성 개방 차원을 넘어 주부 매춘까지 행해지고 있다고 한다. 이들을 프랑스에서는 '한낮의 미인들'로, 영국에서는 '당일로 돌아오는 소풍객' 또는 '통근하는 매춘부'로 부른다. 더욱이 이들 주부들은 대부분 남편의 허락을 받아 매음을 한다고 하니 놀라움을 금할 수 없다. 그런 상황이기에 스와핑(부부교환)과 그룹섹스도 가능할 것이다. 우리나라에서도 종종 스와핑 사건이 보도되고 있을 정도이다.

이처럼 무분별하고 도도한 성 개방의 물결은 근본적으로 종족보존을 위한 본능과 성적 에너지 또는 리비도(*Libido*)에 근거하고 있겠지만, 오늘날 급격하게 변화된 사회 환경과 생활방식의 영향도 매우 크다고 생각된다.

성 개방 풍조를 부추기는 몇 가지 사회·환경적 요인에 대해 알아보면 첫째, 전통사회에서는 개인의 행동을 강력하게 규제하는 공동체의 가치와 규범이 있었지만 현대사회는 그러한 규범과 가치가 붕괴되어 이른바 아노미(도덕적 무질서) 상태에 있다는 점이다. 둘째, 남성과 여성의 역할이 변했다는 점이다. 여성의 사회적 진출이 늘어남에 따라 남녀의 접촉 기회가 많아지고 특히 여성들이 애정 문제에 대해 더욱 적극적이고 개방적으로 변했다. 셋째, 대중매체의 영향력이 엄청나게 커진 가운데, 선정적이고 감각적인 상업주의 광고가 사랑의 감각적, 성적 특징만을 강조하고 부각시킴으로써 진정한 사랑과 결혼의 본질을 왜곡하고 퇴색시키고 있다. 넷째, 성 의학이 급속하게 발달하고 양질의 피임약과 피임기구가 개발되어 있다는 점이다.

그렇다면 과연 불교에서는 오늘날의 문란하고 혼란한 성에 대해 어떤 입장을 취하고 어떤 가르침을 베풀고 있는 것일까.

먼저, 출가 수행자들은 결혼을 해서도 안 되고 성행위를 해도 안 된다. 모든 음행을 금지하는 이른바 '불음계'에 따르면, 출가자는 이성 간의 성행위는 물론 동물과의 성행위라든가 오럴 섹스, 그리고 기구를 사용하는 등의 일체의 성행위를 해서는 안 된다. 나아가 율전律典에서는 '자위 행위를 하지 말라.', '여인의 몸을 만지지 말라.', '여자들과 음담패설을 하지 말라.'는 등의 계율 조항도 발견된다. 출가자들에게 결혼을 금하는 것은 그것이 수행과 전법의 출가 공동체의 생활에 장애가 되기 때문이요, 성행위를 금하는 것은 궁극적 깨달음을 향한 수도 정진에 방해가 되기 때문일 것이다. 이에 대한 붓다의 입장은 『사십이장경』 제23장의 다음 가르침에도 잘 드러난다.

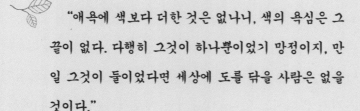

"애욕에 색보다 더한 것은 없나니, 색의 욕심은 그 끝이 없다. 다행히 그것이 하나뿐이었기 망정이지, 만일 그것이 둘이었다면 세상에 도를 닦을 사람은 없을 것이다."

다음으로 재가자들은 오계五戒, 십선계十善戒 등을 통해 알
수 있듯이 불사음계不邪淫戒를 지켜야 한다. 아내와 남편 이외
의 이성과의 성관계는 그릇된 음행, 즉 사음邪淫이다. 따라서
결혼한 부부 사이의 성행위만이 올바른 것이다. 『범망경』 보
살계의 세 번째 조항에는 다음과 같은 내용이 설해져 있다.

> 불자들아, 너희는 스스로 음행하거나 남을 시켜 음
> 행하거나 모든 여인(아내 이외의)과 음행하지 말지니,
> 음행하는 인이나 연이나 방법이나 업을 통해 음행하
> 지 말라. 짐승의 암컷이나 천녀나 여아 등과 짐짓 음행
> 하지 말며 제 길이 아닌 곳에 음행하지 말라. 보살은
> 항상 불성佛性에 효순하는 마음을 내어 온갖 중생을 구
> 원하고 제도하여 깨끗한 법을 일러 주어야 함에도 온
> 갖 중생에게 음행할 마음을 내어 짐승이나 어머니나
> 딸이나 자매나 육친을 가리지 않고 음행을 하여 자비
> 로운 마음이 없으면 보살의 큰 죄가 되느니라.

나아가, 많은 경전 속에는 올바른 성윤리에 관한 가르침이
여기저기 설해지고 있다. 대표적인 예로서 『숫타니파타』에는,

"자기 아내에게 만족하지 않고 유녀遊女(기생)와 사귀거나 타인의 아내와 사귀는 것, 이것은 파멸에의 문이다.", "성년이 지난 남자가 과일처럼 부푼 젖가슴을 가진 젊은 여자를 유인해서 그녀에 대한 질투 때문에 밤잠을 못 이루는 일, 이것은 파멸에의 문이다."라는 가르침이 나온다.

또한 「분별선악소기경」에 따르면, 사람이 세간에서 남의 부인을 범하지 않고 간사하고 편벽한 짓을 생각하지 않으면 다섯 가지 공덕을 얻는다고 한다. 즉 첫째는 재물이 없어지거나 낭비되지 않고, 둘째는 범인을 처벌하는 관리를 두려워하지 않고, 셋째는 사람을 두려워하지 않고, 넷째는 하늘에 태어나면 하늘의 옥녀로 부인을 삼고, 다섯째는 하늘에서 다시 세간에 태어나면 단정한 부인들이 많은 나라에 나게 된다. 사음을 범했을 때의 해악은 이것을 반대로 생각해 보면 알 수 있을 것이다. 사음을 행하면 경제적으로, 법적으로, 윤리적으로, 사회적으로, 종교적으로 많은 어려움을 겪게 될 것은 자명한 이치다.

요컨대 불자라면 누구나 불교의 궁극적 목표가 해탈과 열반이라는 사실을 항상 명심해야 한다. 그리하여 출가자는 출가자대로 재가자는 재가자대로 해야 할 일과 해서는 안 될 일을 엄격하게 구분할 줄 알아야 한다.

또한 합법적인 부부 사이라 하더라도 성생활에 있어서 반드시 주의해야 할 점이 있다.

첫째, 동물적인 본능과 욕정은 순화되고 정화되어야 한다. 이웃 종교에서는 부부 사이라 하더라도 욕정으로 성행위를 하는 것은 죄악이고, 콘돔을 사용하는 것도 금한다고 한다. 최근에는 부부라도 합의하지 않은 섹스는 성폭력이 될 수 있다. 불교의 기본교리인 사성제四聖諦에서는 모든 괴로움의 근본 원인이 바로 탐애·탐욕이라고 가르치고 있지 않은가. 성에 대한 지나친 탐닉과 집착은 불자라면 반드시 경계해야 할 일이다. 부부 간의 성생활에도 자제와 절제가 필요하다. 음식을 많이 먹어 배가 부르거나 만취했을 때, 오줌이 마려울 때, 피로할 때, 감정이 고조되어 있을 때는 관계를 삼가는 것이 좋다고 한다. 특히 남편은 아내를 이해하고 배려하는 마음을 가져야 한다. 아내가 정신적으로 깊은 상처를 입었거나 매우 불안할 때, 출산 전과 출산 후의 일정 기간, 월경 기간, 병을 앓고 있을 때 등은 성관계를 자제해야 한다.

반면에 어쩔 수 없이 의무적으로 하는 성관계나 습관적이고도 상투적인 성관계도 극복되어야 한다. 이러한 관계가 반복되면 성적 장애를 유발할 수 있고 성의 매너리즘에 빠지게 된다.

롤로 메이(*Rollo May*)는 "오늘날 가장 일반화된 문제는 성적인 행위에 대한 사회적 금기 또는 성 자체에 대한 죄의식의 문제가 아니라 대부분의 사람들에게 있어서 섹스가 한낱 기계적이고 공허한 경험일 뿐이라는 사실이다."라고 진단하고 있다.

이러한 성적 매너리즘의 심연에는 배우자를 자신의 확고부동한 소유물로 간주해 버리는 고정관념이 자리하고 있다고 생각된다. 잠자리만 같이하면 그만이라는 식의 타성과 안일에 함몰된 섹스 또한 극복되어야 한다.

그러기 위해서는 성에 대한 일정 정도의 지식과 적절한 노력이 필요할 것이다. 성관계의 때와 장소, 체위에 대한 고정관념도 가끔 깨뜨릴 필요가 있다는 전문가의 충고에도 귀 기울여 봄 직하다. 『아메리칸 커플』이라는 성 연구서에 의하면, 부부간의 애정이 식고 정서적인 관계에 문제가 발생하면 성욕도 줄어들고 성관계를 가질 때 느끼는 충족감도 떨어진다고 한다. 따라서 부부 사이의 원만한 성관계를 위해서는 성적 취향에 대한 자유로운 의사소통과 지속적인 애정과 스킨십이 필요함을 이 책은 강조한다.

그러나 어떠한 경우에도 인간의 성은 동물적 욕구나 쾌락을 충족시키기 위한 수단이 되어서는 안 된다. 인간의 본래적인 성은 남편과 아내를 정신적으로 깊이 신뢰하고 친밀감을 느끼며 사랑하게 하는 통로이기 때문이다. '부부싸움은 칼로 물 베기'라는 말도 이러한 성의 기능 때문에 생겨났을 것이다. 불교의 밀교에서는 성의 쾌락을 단순한 쾌락이 아니라 정신적으로 보다 높은 세계에 도달할 수 있게 하는 연료로서의 신성한 의미까지도 부여한다. 또한 성을 통하여 인간의 육체 속에서 발견할 수 있는 깊은 에너지나 정서를 일깨워서 인간의 의미에 관한 진리를 알 수 있도록 노력하라고 가르친다.

진실하고 순수한 인간적 또는 정신적 사랑이 없는 섹스는 인간의 본성에 부응하지 않아 공허할 뿐이며, 결국은 인간 소외를 심화시켜 인생의 진정한 보람과 행복을 불가능하게 만든다. 오늘의 성교육은 성 지식이라든가 기술을 가르치는 수준에 머물고 있는 것으로 생각된다. 충분히 발달한 대뇌를 가진 인간에게는 섹스보다도 인간적 사랑이 선행되어야 한다는 점을 유념해야 한다.

불교는 무엇보다도 자유라는 가치를 중요시한다. 인간을 어떻게 보느냐에 따라서 자유의 개념도 달라지겠지만, 불교적 자유는 적어도 '본능의 자유'를 의미하지 않으며 '신체의 자유'에 갇히지도 않는다. 그것은 보다 정신적이고 인격적인 자유다. 이를테면 베르쟈예프의 주장처럼 "인간이 우주의 일부분이 아니라, 우주가 인격의 일부분이다."는 의미에서의 자유인 것이다. 말하자면 불교적 자유는 본능의 노예, 성의 노예를 비롯한 모든 노예성으로부터의 해탈이며 그것은 동시에 참된 인격의 실현이기도 한 것이다. 불교인은 이러한 인격에 바탕한, 자비와 사랑과 존경을 통해 본능의 성을 보다 인간적인 성으로 승화시켜 나가야 한다.

05

부부 사이에서 바람이 춤추게 하라

옷깃만 스쳐도 5백 생의 인연이라고 했던가. 그러니 한 남자와 한 여자가 만나 아들딸을 낳고 평생을 함께 살아가는 데는 얼마나 많은 생의 인연이 필요하겠는가. 장구한 세월, 광활한 세상 속에서 살다 간 남자와 여자의 수는 갠지스 강가의 모래알처럼 많을 터이다. 그 많은 사람들 중에 두 사람이 결혼을 하여 함께 살아간다는 것은 실로 불가사의한 일이라 하지 않을 수 없다.

고타마 싯다르타 태자와 야소다라 공주가 결혼하게 된 데에는 아름다운 전생 이야기가 전해져 온다. 아주 먼 옛날, 디빵까라(연등) 부처님 시절에 수메다(선혜 선인)라는 청년은 우연히 부처님과 조우할 기회를 갖게 된다. 수메다는 자신의 소원을 이루기 위해 디빵까라 부처님께 공양할 꽃과 향을 구했지만 성 안의 사람들이 다 가져가 버려 한 송이의 꽃도 얻을 수 없었다. 그때 마침 푸른 연꽃이 담긴 화병을 안고 가는 고삐(구리 선녀) 라는 여인을 만나게 된다. 수메다는 자신이 가지고 있던 은전 오백 냥을 줄 테니 꽃을 자기에게 팔라고 사정한다. 고삐는 수 메다의 간절한 마음에 감복하여 연꽃 일곱 송이 가운데 다섯 송이를 건네준다. 그리고 나머지 연꽃 두 송이는 자신의 이름 으로 대신 부처님께 공양해 줄 것을 부탁한다. 그들은 다음 생 에 부부가 될 것을 기도하고 보살도 닦기를 서원한다. 이러한 기도와 서원을 담아 수메다가 던진 푸른 연꽃은 디빵까라 부처 님의 머리 위에 다섯 송이가 일산처럼 펼쳐지고, 두 송이는 어 깨 위에 드리워졌다. 이러한 인연으로 훗날 수메다는 싯다르타 태자가 되고 고삐는 야소다라가 되어 결혼하게 된다.

요즈음 사찰의 법당에서 올리는 결혼식 식순에는 '헌화' 순 서가 있는데 이때에, 신랑이 다섯 송이의 꽃묶음을 주례에게 바치면 주례는 이것을 불단 동쪽에 올리고, 다시 신부가 두 송 이 꽃묶음을 신랑을 통해 주례에게 바치면 주례는 이것을 받아 불단 서쪽에 올린다. 이러한 헌화 의식은 바로 연등 부처님에 대한 수메다와 고삐의 연꽃 공양에 연유한 것이다.

그러기에 결혼은 우연이 아니라 운명이라고 하는지도 모른다.

하지만 요즈음의 세태는 많이 바뀌어가고 있다. 다시 말해 결혼의 운명성이 우연성으로 바뀌어 가고 있는 것이다. 우리나라는 물론 세계 각국에서의 이혼율 급증 현상은 그것을 웅변해 주고 있다. 결혼 후에도 혹시나 하는 염려 때문에 혼인신고를 미루는 사람들이 많다고 하니 놀라움을 금할 수가 없다. 이혼의 이유는 다양하겠지만 가장 심각한 이유는 역시 성격 차이라고 할 수 있다. 데이트하고 연애할 때는 서로에게 잘 보이려고 조심하고 나쁜 점을 감추기 때문에 상대방을 피상적으로 이해하여 공통점이 많고 호흡이 잘 맞는다고 생각한다. 그러나 결혼을 하고 함께 생활하다 보면 자연스럽게 지금껏 알지 못했던 단점들을 발견하게 되고 자라온 환경과 문화적 차이 때문에 이런저런 의견 충돌을 일으키게 된다. 이것은 광신자를 치유하려면 성직자와 한두 달만 함께 생활하게 하면 된다는 서양 속담을 생각해 보아도 쉽게 이해할 수 있다. 성직자를 멀리서 보았을 때는 거룩하고 존경스러웠지만 가까이서 시시콜콜한 면까지 속속들이 알게 되면 환상이 깨지듯, 장밋빛 연애시절에서 냉엄한 결혼의 현실로 들어서면 수많은 실망과 갈등 요인이 발생하게 된다.

그러므로 결혼생활에서 부부가 가장 명심해야 할 점은 서로의 차이를 인정하고 나아가 존중하기까지 해야 한다는 것이다. 사소한 생활 습관의 차이에서부터 취향의 차이, 사고방식의 차이, 인생관과 가치관의 차이에 이르기까지 차이는 실로 광범위하다. 이러한 차이를 인정하지 않고, 어느 한쪽에서 일방적으로 강요하게 되면 심각한 갈등을 불러오게 된다. 남편은 달콤한 음식을 좋아하는데 아내는 담백한 음식을 강요한다면 어떻게 되겠는가. 아내는 자아실현을 위해 직장생활을 하고자 하는데 남편은 무조건 반대한다면 어떻게 되겠는가. 아내는 섹스를 절제하려 하는데 남편은 섹스에 탐닉하려 하면 어떻게 되겠는가.

불교적으로 볼 때, 상대방의 입장을 이해하고 인정하려 하지 않는 것은 자신의 아집 때문이다. '나我'도 없고 '내 것我所'도 없기에 '내 취향' '내 방식' '내 생각'도 절대적일 수는 없다. 불교적 무아無我의 실천은 원만한 결혼생활을 위해서도 필수적이라고 생각된다.

칼릴 지브란도 비슷한 이야기를 하고 있다. 그는 부부는 죽는 날까지 함께 해야 하지만, 그 '함께 함'에는 떨어진 사이가 있어야 하며, 그 사이에서 하늘의 바람들이 춤추게 해야 한다고 주장한다. 그는 계속해서 다음과 같이 말한다.

서로서로 사랑은 하되 사랑으로 얽어매지는 말게 할지어다.

그대 영혼과 영혼의 두 기슭 사이에 사랑으로 하여금 뛰노는 바다가 있게 할진저.

서로서로의 잔에 술을 채우되 잔 하나에서 함께 마시지는 말지어다.

서로서로 저의 빵을 주되 같은 조각에서 먹지는 말지어다.

함께 노래하고 춤추어 즐기되 그대들 하나하나 따로 있게 할지어다.

마치 거문고의 줄들이 비록 한 가락에 떨릴지라도 줄은 서로 간섭을 받지 않듯이.

— 『예언자』, 「결혼에 대하여」 중에서 —

결혼생활에서 사랑 못지않게 소중한 덕목이 존경이다. 모든 인간관계는 상대적이기에 남편이 아내를 존중하면 아내도 남편을 존중하게 되고, 남편이 아내를 무시하면 아내도 남편을 무시하게 된다. 불교의 초기 경전에서는 남편과 아내가 지켜야 할 도리와 의무에 대해 각각 다섯 가지 사항을 설한다.

즉 남편은 아내에게, 아내를 존경하고, 아내를 예의로써 공손히 대하며, 아내에게 충실하며, 집안살림의 권한을 부여하고, 장식품을 제공해야 한다.

또한 아내는 남편에게, 주어진 임무를 잘 수행하고, 남편의 일가 친족을 잘 받들며, 정조를 지키고, 남편이 모은 재산을 잘 지키고, 무슨 일에나 능숙하고 부지런해야 한다.

이 가르침에 나타난 불교적 부부 관계는 수직적이고 봉건적인 명령과 복종의 관계가 아니라 수평적이고 민주적인 관계이다. 동시에 서로가 존경하고 봉사하는 호혜적이고 합리적인 관계이다. 이러한 바람직한 부부 관계는 서로에 대한 존경이 그 근본임은 두말할 나위가 없다.

부모와 자식 사이에도 반드시 지켜야 할 금기 사항이 있고 부부 사이에도 똑같은 금기 사항이 있다. 그것은 바로 '비교하지 말라'는 것이다. 아들이 아버지에게 "제 친구 홍길동이 아버지는 부장인데, 아버지는 왜 과장밖에 안 되셔요?"라고 묻는다면 그 아버지의 마음은 어떨까. 아내가 남편에게 "내 친구 남편은 월급이 많던데, 당신 월급은 왜 이렇게 적어요?" 라고 다그친다면 남편의 마음은 어떨까. 어떤 형태든, 다른 사람과 비교하여 상대방의 자존심을 건드려서는 안 된다.

다음으로 결혼생활에서 육체적 사랑이든 정신적 사랑이든, 사랑은 가장 기본적인 조건이자 생명이라 할 수 있다. 따라서 원만하고 행복한 결혼생활을 위해서는 사랑의 관리와 기술이 필요하다. 초기 경전의 하나인 『악간냐 숫따』의 다음 내용을 보더라도 결혼생활의 본질은 사랑임을 알 수 있다.

그들이 매일 아침과 저녁으로 초원에서 쌀을 모아 그것을 섭취한 결과, 그들의 신체는 더욱 형체화되어 남자와 여자의 모습을 취하게 되었다. 이후 남자와 여자는 사랑에 빠져 성적 교섭에 탐닉했다. 다른 존재들이 그들의 행위에 눈살을 찌푸리자 그들은 집을 짓고 그 속에서 남편과 아내로서 살기 시작했으며, 초원에서 모은 쌀을 계속 음식으로 취했다. 이리하여 가족이라는 제도가 생기게 되었다.

『자따까』에 의하면, 부처님은 사왓띠의 기원정사에 계실 때 다음과 같은 가르침을 설하셨다고도 한다.

　　곱고 부드러운 옷을 입고 배부르게 진미를 즐기며 윤기 나는 피부를 자랑해도 남편의 사랑을 받지 못하는 아내는 차라리 밧줄에 목을 매달아 죽는 것만 못하다. 가난하여 거적을 깔고 누웠더라도 남편의 애정 어린 눈길을 바라보며 남들이 알지 못하는 행복을 누리는 아내는 사랑을 받지 못하는 부자의 아내보다 낫다.

　그러나 에리히 프롬의 말처럼, 사랑은 감정의 문제만은 아니다. 그것은 의지(will)의 문제이기도 하다. 누군가를 사랑한다는 것은 강력한 느낌일 뿐만 아니라, 동시에 그것은 결단이고 판단이며 약속이다. 사랑이 단지 느낌일 뿐이라면 영원히 사랑한다는 약속은 불가능하게 된다. 느낌은 어느 순간 왔다가 그냥 사라지기도 하기 때문이다. 따라서 사랑을 지키기 위해서는 지식과 노력이 필요하게 되는 것이다.

　또한 사랑하는 사이라고 해서 부끄러워할 줄 모르고 무례하게 굴면 안 된다. 서로에게 너무 익숙해져 긴장의 끈을 완전히 놓아버려서도 안 된다. 서로에 대한 고정관념을 떨쳐버려야 하며, 서로를 각자의 영원한 소유물로 생각해서도 안 된다. 소유물이라는 관념은 서로에게 매력을 잃고 나아가 사랑을 잃게 하는 지름길이다.

끝으로 부부 사이에는 믿음이 있어야 한다. 어떤 경우에라도 두 사람은 이 세상 끝까지 함께 갈 것이라는 기본적인 믿음이 있다면 조그만 실수나 잘못은 이해하고 덮어주게 된다. 가급적 한눈을 팔지 말아야 하고 '사음하지 말라.'는 계율을 지키도록 노력해야 한다. 『대지도론』에는 사음의 열 가지 해악이 설해져 있다.

첫째, 불륜 관계의 여자 남편이 항상 자신을 해치려고 노리고 있다. 둘째, 부부 사이가 화목하지 않아 항상 싸우고 다툰다. 셋째, 선업善業은 자꾸 줄어들고 죄악은 나날이 늘어난다. 넷째, 아내와 자식은 늘 외로워하며 가족과의 관계가 점점 소원해진다. 다섯째, 재산이 나날이 줄어든다. 여섯째, 다른 사람들로부터 환영받거나 사랑받지 못한다. 일곱째, 일가친지에게 사랑받고 환영받지 못한다. 여덟째, 남에게 원망을 받는 업연業緣을 심는다. 아홉째, 몸이 상하기 쉽고 죽은 후에는 지옥에 떨어진다. 열째, 여자로 태어나면 바람둥이 남편을 만나고,

사
랑
하
다

2

남자로 태어나면 정숙하지 못한 아내를 만난다.

　이렇게 하여 남편과 아내 사이에 오랜 세월을 통해 존경과 사랑과 믿음이 쌓여 가면 「우리는」의 노랫말처럼, 그들은 '빛이 없는 어둠 속에서도 찾을 수 있고, 마주잡은 손끝 하나로도 너무 충분한' 영원한 우리가 될 것이다. 행복한 결혼생활은 평화로운 가정을 이루고 화평한 가정은 불국정토의 기초가 된다는 것을 유념하면서, 우리는 수행자처럼 한결같이 서로 이해하고 인내하며 용서하고 사랑해 갈 일이다.

태교의 시작은
임신 전 마음가짐에서부터

눈은 옳지 못한 것을 보지 않았고, 귀는 음란한 소리를 듣지 않았으며, 입은 거만한 말을 담지 않았다. 서 있을 때는 발을 조심스럽게 딛고, 걸을 때는 걸음을 천천히 옮기며, 자리가 바르지 않으면 앉지 않고, 고기도 바르게 자른 것이 아니면 먹지 않았다고 한다.

사마천의 『사기』에는 어질고 지혜로운 왕으로 꼽히는 주나라 문왕의 어머니 태임太任의 태교에 관한 위의 글이 실려 있다. 조선시대 신사임당은 이런 태임을 본받겠다는 뜻에서 호를 '사임당師任堂'이라 했다고 한다.

인간의 삶은 전생의 업 또는 유전자 같은 선천적 요인과 교육 또는 수행 같은 후천적 요인의 상호작용에 의해 그 운명이 결정된다. 선천적 요인은 불가항력적인 면이 없지 않지만, 후천적 요인은 우리가 얼마든지 바꾸어 갈 수 있고 개선해 갈 수 있다. 후천적 요인을 바로잡기 위한 교육과 수행은 빠를수록 효과적이다. 우리 속담에도 '세살 버릇 여든까지 간다.'는 말이 있고, 우리는 예로부터 태교를 중시해 왔다. 요즈음은 태교가 태아의 인성교육이나 심성교육의 차원을 넘어 다양한 지적 능력을 키우는 수준으로까지 진전하고 있고 전문서적도 쏟아져 나오고 있다. 거기에 문제점이 없는 것은 아니나, 태교에 대한 관심이 높아가고 있다는 점은 바람직하다 하겠다.

그렇다면 불교는 태교에 대해 어떤 입장을 취하고 있을까? 우선 불교는 태아에 대한 상당한 정도의 관심과 인식을 견지하고 있음을 알 수 있다. 태아에 대한 인식은 무엇보다도 설일체유부說—切有部 등에서의 12연기 해석에 잘 나타난다. 유부는 12연기를 삼세양중인과三世兩重因果로 해석하면서, 12지支 가운데의 식識을 탁태 시의 식으로, 명색名色과 육입六入을 태내에 있는 태아의 심신의 발육 과정으로 설명하고 있기 때문이다. 또한 『구사론俱舍論』과 『유가사지론瑜伽師地論』·『대보적경大寶積經』·『포태경胞胎經』 등에서는 태아의 성장 과정을 단계적으로 상세하게 설명하고 있어서 놀랍다.

구사론에 따르면 태아의 성장 단계는 다음의 오위五位로 구분된다.

■ 갈라람kalala위 : 탁태 후 7일까지의 단계로, 미음의 거품처럼 끈끈하고 조금 굳어지는 것과 같은 상태다.

■ 알부담Arbuda위 : 탁태 후 2주째의 단계로 젖이 식을 적에 표면이 약간 엉기기 시작하는 것과 비슷한 상태다.

■ 폐시Pesi위 : 탁태 후 3주째의 단계로 피와 살이 겨우 엉겨서 아직 굳어지지 않은 상태다.

■ 건남Ghana위 : 탁태 후 4주째의 단계로 살이 엉기어 굳어진 상태다.

■ 발라사Prasakha위 : 탁태 후 5주째부터 세상에 태어나기 직전까지의 단계로, 두 팔, 두 다리, 오장육부가 완전히 형성되어 가는 상태다.

잉태하다

『유가사지론』에서는 여기에 발모조위髮毛爪位, 근위根位, 형위形位 등의 삼위를 더하여 태아의 성장 기간을 팔위八位로 구분하고 있다.

『부모은중경』에는 다음과 같은 내용이 설해져 있다.

 어머니가 아기를 밴 지 1개월에는 마치 풀끝의 이슬 같아서 아침에는 저녁을 보존할 수 없나니, 아침에 모였다가 낮에 흩어지기도 하기 때문이니라··· 4개월에는 사람의 모습이 비슷하게 이루어지고 5개월에는 머리와 두 팔과 두 다리가 이루어지며··· 7개월에는 뱃속에서 360개의 뼈마디와 8만4천의 털구멍이 생기느니라··· 9개월에는 어머니의 심장 등은 아래로 향하고, 대장 등은 위로 향하는데 그 사이에 하나의 산(수미산, 업산, 혈산)이 있어 이 산이 한 번씩 무너지면서 한 가닥의 엉긴 핏줄기가 아기의 입으로 흘러 들어가느니라.

태아에 대한 이러한 관심과 인식이 태교로 이어지는 것은 자연스럽다 할 것이다. 하지만 태교에 대한 직접적인 언급은 경전에서 발견하기가 쉽지 않다. 다만 부처님의 생애에 관한 기록 중, 부처님의 어머니 마야 부인이 회임하였을 동안의 행동과 몸가짐에 관한 언급이 조금 나오고, 『디가 니까야』 가운데 비바시 부처님의 탄생과 관련하여 그 어머니에 관한 언급이 나오는데, 여기서는 그러한 내용을 중심으로 살펴보고자 한다.

첫째, 경전에는 보살이 어머니의 태에 깃들면, 천신의 아들네 명이 "사람이든 사람이 아니든 어떤 자도 보살과 보살의 어머니를 해칠 수 없다."라고 하면서 칼을 들고 수호한다는 내용이 나온다. 이것은 아이를 가진 임신부는 무엇보다도 절대 안정과 평안이 필요하다는 의미로 해석할 수 있을 것이다. 태아의 엄마가 불안해하거나 놀라거나 하는 일이 있어서는 안 된다. 또는 부부간의 불화나 다툼도 있어서는 안 된다. 그래서 태교는 어머니와 아버지가 함께 동참해야 하는 것이다.

둘째, 보살의 어머니는 살생하지 않고, 도둑질하지 않고, 사음하지 않고, 거짓말하지 않고, 술을 먹지 않는 등 오계를 잘 지킨다는 내용이 나온다. 이것은 태아의 어머니는 모든 죄악을 멀리하고 도덕적으로나 윤리적으로 바르고 깨끗해야 한다는 말이다. 임신부가 술을 먹고 담배를 피우면 기형아를 낳을 확률이 높다는 연구결과도 있으니 유념해야 할 일이다.

셋째, 보살의 어머니는 회임 중 남자들에 대해 여러 가지 애욕을 동반하는 마음을 일으키지 않으며, 마음이 더럽혀진 어떤 남자도 보살의 어머니는 범할 수 없다는 내용이 나온다. 임신 초기의 유산이나 임신 중기 및 말기의 조산은 부부의 성관계로 말미암아 일어나는 경우가 적지 않다. 그래서 임신 후 첫 3개월과 임신 말기에는 성생활을 금하는 것이 원칙이다. 유산이나 조산의 경험이 있는 임신부는 임신 기간 중 성관계를 일절 삼가는 것이 좋다는 지적도 있다. 우리나라 민간전승의 태교에서도 대개 임신 후에는 부부가 다른 방을 사용할 것을 권하고 있다. 이 점에 대해서는 특히 남성들의 자제와 협조가 필요하다고 본다.

넷째, 보살이 어머니의 태에 들어있을 때 보살의 어머니는 다섯 가지 즐거움을 얻게 되니 그것을 소유하고 구비하여 즐긴다는 내용이 나온다. 여기서 말하는 다섯 가지 즐거움이란, 사물을 보는 눈의 시각, 소리를 듣는 귀의 청각, 맛을 느끼는 혀의 미각, 냄새를 맡는 코의 후각, 감촉을 느끼는 신체의 촉각과 관련한 즐거움이다. 태아도 뇌세포의 조직화가 시작되는 24~26주 이후부터 이러한 다섯 가지 감각을 느끼는 것으로 알려져 있다. 시각, 청각, 미각, 후각의 네 가지는 태아가 직접 느끼고, 촉각만은 간접적으로 경험한다고 한다. 시각과 청각은 임신 6개월째에, 미각과 후각은 7개월째에 느끼기 시작한다. 그러므로 임신부는 눈으로는 가급적 아름다운 풍경이나 그림, 나무와 꽃 등을 가까이하고 집안 청소도 깨끗이 하여 정갈하고 정돈된 생활환경을 만들어가야 한다. 태아는 직접 보지는 않지만 어머니의 느낌을 항상 공유하고 그 느낌에 길들여진다는 것을 잊어서는 안 된다. 태아와 어머니의 청각을 자극하는 데에는 좋은 음악이 효과적이다. 음악은 뇌를 활성화시키며 특히 알파파를 증가시킨다. 알파파는 엔돌핀 분비를 촉진시켜 편안하고 행복한 마음이 들게 하는 것으로 보고되어 있다. 음악은 임신부가 좋아하는 곡 중에서 정서적으로 안정감을 주는 밝고 상쾌하고 조용하고 평온한 음악이 좋다. 일반적으로 모차르트의 음악을 추천하는 사람들이 많은데 비발디, 헨델, 하이든, 슈만 등의 음악이 추천되기도 한다. 모차르트의 음악은 대개 엄마의 심장박동 리듬과 비슷해 태아를 편안하게 하는 효과가 있다고 한다. 나아가 음악뿐만 아니라 아기에게는 따뜻하고 정겨운 엄마의 목소리, 엄마 아빠가 다정하게 이야기하는 소리도 필요할 것이다. 아기와의 대화도 자꾸 시도해 봄 직하다.

다섯째, 보살이 어머니의 태에 들어있을 때, 보살의 어머니는 어떠한 질병에도 걸리지 않고 즐거움을 갖추고 그 몸이 지치지 않으며 태아의 크고 작은 감관이 모두 잘 갖추어 있는지를 살핀다는 내용이 나온다. 엄마의 건강은 태아의 건강과 직결되기 때문에 임신부는 항상 건강에 유의하여 규칙적인 식사와 운동을 하고 몸을 무리하지 않도록 하며 균형 잡힌 영양분을 섭취해야 한다.

여섯째, 어머니가 너무 많이 먹으면 태아가 불안하고 너무 적게 먹어도 불안하며 기름기가 없는 것을 먹어도 불안하고… 음식이 고르지 못해도 태아가 불안하다는 내용이 나온다.(「불설포태경」) 또한 어머니가 더운 음식을 먹으면 태중은 더운 지옥과 같고 찬 음식을 먹으면 차가운 지옥과 같아서 태아는 온종일 괴로워하며 어둠 속에 있다는 내용도 발견된다.(「장수멸죄경」) 임신부는 종종 특별한 음식을 먹고 싶어 하는 경우가 있기 때문에 남편 되는 사람은 퇴근길에 아내가 원하는 음식을 가끔 구해 가면 좋을 것이다. 그것은 임신부의 건강에도 좋고 부부간의 사랑과 신뢰도 키워서 결국은 태아에게 도움이 될 것이기 때문이다. 하지만 탄산음료라든가 통조림, 인스턴트식품 등은 피하는 것이 좋고 맵거나 짜거나 뜨겁거나 찬, 자극적인 음식을 피해야 함은 말할 필요도 없다.

　『불소행찬』에서는 부처님을 회임한 마야부인의 마음가짐과 몸가짐에 대해 다음과 같이 노래한다.

 어머니는 온갖 시름 모두 여의어

거짓되고 허황된[幻] 마음 내지 않으며

시끄러운 세속 일 싫어하고 미워하여

한가하고 고요한 숲에 살기를 즐겨하네.

　임신부는 모든 근심 걱정을 버리고 번뇌망상을 없애며 진실되고 밝은 생각을 해야 한다. 태아는 시끄럽고 불쾌하고 짜증 섞인 소리를 싫어하기 때문에 조용한 숲을 최대한 가까이 하도록 노력한다. 또한 『불본행집경』에 의하면, 마야부인은 모든 사람과 일체 중생에게 항상 큰 자비심을 갖고 즐겨 보시를 행하였고, 『시설론』에 따르면 피로하거나 권태감을 느끼는 일이 없었다고 한다. 물론 이들 경전에는 태아가 보살이기에 어머니의 마음과 행동에 영향을 끼쳤다는 내용도 있지만, 임신부는 어쨌든 항상 어질고 즐거운 마음으로 주변 사람들을 보살피고 돌보아야 한다. 그래야 어질고 자비로운 성품을 지닌 아이가 태어난다.

이와 같은 여러 가지 점들에 유념하면서 태교를 실천하는 것도 중요하지만, 어쩌면 이보다 더 중요할 수도 있는 사항이 있다. 그것은 바로 아이를 가질 때, 즉 아이 입태 시의 부모의 마음가짐이다.

석가모니 부처님은 도솔천에서 호명보살로 계시면서 시기, 대륙, 지방, 가계, 어머니를 관찰하여 선택한 후에 마침내 마야부인의 태에 드셨다고 하지 않는가. 부모의 근본성품도 중요하겠지만 아이를 가질 때의 마음가짐이 중요한 것은, 수많은 영가와 업식業識 가운데서 수태 순간의 마음상태에 따라 거기에 걸맞는 영가가 들어오기 때문이라고 한다. 옛날에는 시어머니가 길일을 받아 놓고 아들과 며느리에게 어디 가서 몇 시에 기도하면서 합궁하라고 일러주었다고 한다. 아이는 성적 쾌락의 산물이 되어서는 안 된다. 기도와 정성을 들여 맑은 정신으로 아이를 수태시켜야 한다. 『니다나까타』(인연담)에 따르면, 마야부인은 부처님을 수태하기 7일 전부터 술이나 잡다한 음료수를 피하고 꽃과 향유 등으로 몸을 꾸미고 축제를 즐겼으며, 7일째 되는 날 아침에는 정계淨戒를 지녀, 향수로 목욕을 하고 40만의 금을 기꺼이 보시하며 몸을 단정히 하고 훌륭한 식사를 하는 등 온갖 정성을 기울였다고 한다.

우리는 이러한 불교적 태교법만이 아니라 전통적인 민간 태교법에 대해서도 귀 기울여야 한다. 그 대표적인『칠태도七胎道』는 다음과 같이 가르친다.

첫째, 술을 먹지 말고 위험한 곳을 피하는 등의 다섯 가지 금기사항을 지킨다. 둘째, 말을 많이 하거나 웃거나 놀라거나 겁먹거나 울지 않는다. 셋째, 마루와 문턱 등의 태살胎殺의 장소를 피한다. 넷째, 나쁜 말과 나쁜 일을 피하고 좋은 말만 들으며, 선현의 명구를 외우고 시나 붓글씨를 쓰며 훌륭한 음악을 듣는다. 다섯째, 몸가짐을 바로하고 안전하게 한다. 여섯째, 품격 있고 상서로운 물건이나 향, 매화나 난초의 향을 맡고 맑은 솔바람 소리를 듣는다. 일곱째, 임신 중에는 가급적 금욕한다.

요컨대 임신부는 무엇보다도 태아에 대한 깊은 관심과 사랑을 가져야 한다. 태교에 관한 좋은 책들을 구입해 읽고 실천해야 함은 물론이다. 남편을 비롯한 모든 가족이 태교의 주체이자 동반자라는 사실도 명심하자.

세상은 오늘 남의 허물을 말하지만
내일은 내 허물을 말한다

이진원은 그의 시 「말 한마디」에서 다음과 같이 노래한다.

부주의한 말 한마디가 싸움의 불씨가 되고,

잔인한 말 한마디가 삶을 파괴합니다.

쓰디쓴 말 한마디가 증오의 씨를 뿌리고,

무례한 말 한마디가 사랑의 불을 끕니다.

은혜스런 말 한마디가 길을 평탄케 하고,

즐거운 말 한마디가 하루를 빛나게 합니다.

때에 맞는 말 한마디가 긴장을 풀어주고,
사랑의 말 한마디가 축복을 줍니다.

　말 한마디의 중요성을 간결하게 일깨워 주는, 많은 사람들의
사랑을 받고 있는 시다. "말 한마디에 천 냥 빚도 갚는다."는
우리 속담 역시 말의 중요성을 깨우쳐 주는 영원한 잠언이다.
그런데도 우리는 말에 대해 무신경한 편이다. 그리하여 말을
습관적·무의식적으로, 나아가 함부로 하기 일쑤다. 하지만 우
리는 한 번 입 밖으로 나온 말은 시위를 떠난 화살처럼 다시는
돌이킬 수 없다는 것을 기억해야 한다.
　말은 사람들의 생각과 감정을 주고 받는 이른바 의사소통의
수단이며, 정보교환 및 지식 전달의 수단이다. 또한 우리는 말
을 통해 서로 도움을 주고 받으며, 인간 관계를 부드럽게 하기
도 한다. 말 없는 인생은 생각할 수도 없다. 말은 인생에 있어
실로 큰 비중을 차지한다. 말은 말하는 그 사람의 성격과 인격
을 헤아려 볼 수 있는 가늠자이기도 하다. 따라서 말은 곧 그
사람의 인격이라고 해도 과언이 아니다.
　우리의 삶은 크게 신체적 활동, 언어적 활동, 정신적 활동의
세 묶음으로 나눌 수 있는바, 불교에서는 이것을 각각 신업身

業, 구업口業, 의업意業이라고 부르며 총칭하여 삼업三業이라
고 한다. 따라서 불교적 수행은 이 삼업에 대한 성찰과 노력에
다름 아니다. "입을 지키고 뜻을 거두며 몸을 함부로 하지 않
으면 능히 해탈을 얻으리라."(守口攝意身莫犯 如是行者能得度)는
가르침은 결국 삼업의 청정을 강조하고 있는 것이다.

『법구경』「어언품語言品」은 다음과 같이 경계한다.

 대개 사람이 세상에 나면
그 입 안에 도끼가 있어
그것으로 제 몸을 베나니
그것은 나쁜 말 때문이니라.

이것은 훗날 셰익스피어가 "사람은 비수를 손에 들지 않고
도 가시 돋친 말 속에 그것을 숨겨둘 수 있다."고 한 말과 상통
한다. 도끼에 비유되는 이 '나쁜 말'은 10악업十惡業에서 망어
妄語, 기어綺語, 양설兩舌, 악구惡口의 네 가지로 세분된다. 장아
함 『범동경梵動經』에 의하면, 부처님은 이 네 가지의 나쁜 말을
다 버리고 소멸시켰기 때문에 찬탄 받는다고 한다.

부처님은 모든 거짓말[妄語]을 버리고 떠난다. 그리하여 말

하는 바가 지성스럽고 진실하며 사람들을 추호도 속이지 않는다. 부처님은 어떠한 꾸밈말[綺語]도 쓰지 않는다. 그 대신 항상 때를 아는 적절한 말[知時之語], 실다운 말[實語], 이로운 말[利語], 여법한 말[法語], 율에 합당한 말[律語], 그릇됨을 그치게 하는 말[止非之語]만 하신다. 다시 말해서 부처님은 지나친 과장과 수식, 아첨과 변명, 불필요하고 실없는 말은 삼가고, 꼭 필요하고 의미 있는 말을 질박하고 정직하게[質直語] 하신다. 또한 부처님은 모든 말전주[兩舌]를 버리고 떠난다. 오히려 다투는 사람들로 하여금 화합하게 하는 화합어를 말한다. 마지막으로 부처님은 욕설[惡口]을 멀리한다. 거친 욕설은 사람들에게 상처를 주고 원한과 증오를 불러일으키기 때문이다. 그 대신 항상 귀 기울여도 싫지 않은 선언善言으로써 사람들의 마음을 유쾌하고 기쁘게 한다. 우리들은 이러한 부처님의 말을 배우려고 노력해야 한다.

불교에서는 특히 남을 비방하는 것을 경계한다. 그것은 『범망경』의 십중대계十重大戒 가운데에 "자기를 칭찬하고 남을 비방하지 말라."는 조항이 들어 있는 것만 보아도 알 수 있다. 야운野雲 스님은 「자경문自警文」에서 남의 허물을 말하지 말라고 다음과 같이 타이른다.

붓다의 생활 수업

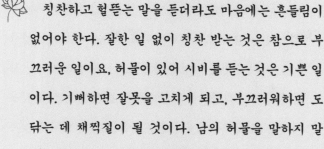

칭찬하고 헐뜯는 말을 듣더라도 마음에는 흔들림이 없어야 한다. 잘한 일 없이 칭찬 받는 것은 참으로 부끄러운 일이요, 허물이 있어 시비를 듣는 것은 기쁜 일이다. 기뻐하면 잘못을 고치게 되고, 부끄러워하면 도닦는 데 채찍질이 될 것이다. 남의 허물을 말하지 말라. 마침내는 그 허물이 내게로 돌아올 것이다. 남을 해치는 말을 들으면 부모를 헐뜯는 말과 같이 여겨야 한다. 세상은 오늘 남의 허물을 말하지만 내일은 다시 내 허물을 말할 것이다. 모든 일이 다 허망한 것인데, 비방과 칭찬에 어찌 걱정하고 기뻐할 것인가.

『장자』에서는 다음 여덟 가지의 잘못된 말이 소개되는데 이 여덟은 사람을 어지럽게 하고 안으로 자기 몸을 상하게 하므로 군자는 그런 인물과 사귀지 않고 현명한 임금은 신하로 두지 않는다고 한다.

자기가 끼어들 일이 아닌데 공연히 수고함을 총摠, 원하지 않는 사람에게 억지로 말하는 것을 영佞, 남의 비위만 맞추려고 입을 놀리는 것을 첨諂, 시비를 가리지 않고 나쁜대는 것을 유설諛, 남의 결점만을 끄집어내는 것을 참讒, 사람의 교제를 방해하고 친분을 이간하는 것을 적賊, 자기와 친한 사람은 잘못해도 칭찬하고 소원한 사람은 잘해도 훼방하여 사람을 해치는 것을 특慝, 선악을 가리지 않고 누구에게나 좋은 낯으로 남의 비위를 맞추어 은근히 악惡으로 유인함을 험險이라고 한다.

— 「잡편雜篇」<어부漁父> —

불교에서 '애어愛語'를 강조하고 있는 것도 특기할 만하다. 사람들을 섭화攝化하는 네 가지 덕목[四攝法] 가운데에도 애어섭愛語攝이 들어 있다. 애어는 종종 유연어柔軟語, 유화어柔和語라고도 하는데, 여기에는 불교의 바탕인 자비와 화합의 정신이 깃들어 있다고 하겠다. "친절이 나의 종교다."라고 한 달라이라마의 말씀을 기억하면서, 퉁명스럽고 불친절한 말을 피하고, 부드럽고 정겹고 사랑스러우며 친절하고 공손한 말을 쓰도록 해야 할 일이다.

또한 요즘에는 외국어가 섞여 있는 대중가요가 많고 말할 때에 외국어를 섞어 사용하는 사람들이 많다. 그러나 우리는 각 나라의 언어를 소중히 여기셨던 붓다의 가르침에 따라, 외국어 대신 가급적 적절한 우리 한글을 찾아 쓰도록 해야 한다. 자꾸 한글을 피하고 쓰지 않으면 한글은 퇴보할 것이다.

　더 나아가 부처님의 32상相 중에는 '목소리가 맑고 멀리 들림'의 특징이 있고, 80종호種好 가운데는 '목소리가 화평하고 맑아서 여러 사람의 마음을 즐겁게 함'의 특징이 있는데, 우리도 부처님처럼 평화롭고 맑은 목소리로, 분명하고 힘차게 말하는 습관을 기르도록 해야 할 것이다.

　우리가 말을 할 때의 목소리는 근본적으로 우리의 마음과 연관이 있다. 그러므로 맑고 평화로운 목소리를 내기 위해서는 마음을 잘 다스려야 한다. 하지만 마음은 참으로 미묘하다. 미묘한 마음에 대해 부처님은 다음과 같이 설하신다.

　🪷　마음은 바람과 같아 멀리 가고 붙잡히지 않으며 모습을 보이지 않는다. 마음은 흐르는 강물과 같아 멈추는 일 없이, 이르는 즉시 흘러가 버린다. 마음은 등불의 불꽃과 같이 인因이 있어 연緣에 닿으면 불이 붙어 비춘다. 마음은 번개와 같아 잠시도 머물지 않고 순식간에 소멸한다. 마음은 허공과 같아 뜻밖의 연기로 더

럽혀진다. 마음은 원숭이와 같아 잠시도 그대로 있지
못하고 여러 가지로 움직인다.

―『보적경』「가섭품迦葉品」―

 이처럼 끊임없이 흐르며 흔들리는 마음의 노예가 되어 우리
는 지금 끝없는 고통의 바다에서 허우적거리고 있다.
 '있는 그대로의 진실'을 외면한 채 모두가 욕망과 쾌락을
좇는 마음을 따르다 보니 '우리'는 수천 수만으로 갈라져 제
각기 집착과 독선과 편견의 칼날을 높이 세우고 있는 것이다.
그리하여 대결은 불가피하게 되고 그 대결은 대결로써 영원히
끝나는 것이 아니라 또 다른 대결과 다툼을 잉태하게 된다. 극
단적인 대립과 대결로 치닫고 있는 오늘의 세계는 분명 크나
큰 위기임에 틀림없다.
 현대를 일컬어 대화의 시대라고 하는 사람도 있지만, 왠지
시간이 흐를수록 진정한 의미에서의 대화는 점점 줄어들고 있
는 것 같다. 설혹 대화가 있다 하더라도 대부분은 필요에 의한
협상 내지는 흥정이다. 협상과 흥정은 힘의 균형이 깨질 때 금
방 침략과 억압의 얼굴로 변하기 일쑤다. 진정한 대화란, 그것
이 개인 간에 이루어지든, 집단 간에 이루어지든, 국가 간에 이

86

붓다의 생활 수업

루어지든 우리 모두가 함께 딛고 서 있는 '하나의 큰 진실'을 향하고 있어야 한다. 진실을 향하지 않고 미리부터 정해진 각자의 욕망과 이익을 향하는 것은 대화가 아니라 대화라는 이름의 연극일 뿐이다.

부처님이 어느 날 시자 아난을 데리고 아지타바티강으로 나가 목욕을 하고 돌아오는 길에 람미카 바라문의 집을 방문했다. 때마침 람미카의 집에서는 많은 수행승들이 모여 법담을 나누는 중이었다. 부처님은 법담이 끝날 때까지 문밖에서 기다리다가 들어갔다.

"그대들은 여기 모여서 무슨 이야기를 하였는가?"

"조금 전에 저희들은 법에 대해 말했으며 그 법을 듣기 위해 이렇게 모였습니다."

"그대들은 모여 앉으면 마땅히 두 가지 일을 행해야 한다. 하나는 법[진리]에 대해서 말하는 일이고 또 하나는 침묵을 지키는 일이다."

여기에서 침묵을 지키라고 한 것은 욕망으로 인해 들뜨고 탁해진 마음을 가라앉히라는 말씀으로 생각된다. 그리하여 모든 대화는 '있는 그대로의 진실'을 향해야 한다는 말씀이리라. 그러나 우리들은 어떠한가. 항상 들떠 있고 상기되어 있지 않은가. 보채며 헐떡거리고 있지 않은가. 이러한 속에서 진정한 대화가 어떻게 가능하겠는가. 앞에서도 말했듯이 그것은 흥정이요 술수요 교활한 속임수에 다름 아닌 것이다. 그렇기 때문에 부처님은 침묵을 지키든지 법에 대해서 이야기하든지 하라고 하셨을 것이다.

이제 우리가 모두 대화의 원탁 주위에 둘러앉았다고 하자. 그리하여 대화를 시작했다고 하자. 그러나 이것으로 모든 문제가 해결된 것은 아니다. 어떻게 해서 대화에 참석한 모두가 만족할 만한 합일점에 도달하느냐가 참으로 중요한 일이다.

합일점에 도달하는 데는 많은 조건이 필요할 것이다. 그 중에서도 가장 필수적인 조건은 대화자 간의 평등한 인격적 관계에 바탕한 자유로운 대화이다. 대화자가 스승과 제자라고 할 때 서로가 스승과 제자라는 입장만을 너무 의식한다면 자유롭고 자연스런 대화는 성립될 수 없으며, 부모와 자식이 대화할 때 '너는 내 자식이니까', '당신은 나의 부모니까' 하는 생각을 떨쳐버리지 않는다면 역시 원만한 대화는 이루어지지 않는다. 그것은 대화가 아니라 훈계 아니면 강요가 될 것이기 때문이다. 그러기에 나가세나 스님은 다음과 같이 말하는 것이다.

"밀린다 왕이여, 제왕의 자격으로서 대론對論하신다면 나는 응할 뜻이 없습니다. 그러나 현자賢者로서 대론하시겠다면 응할 용의가 있습니다. 현자는 대론에 있어 문제가 해명되고 해설되고 서로 비판되고 수정되고 반박당하는 경우가 있다 할지라도 결코 성내지 않습니다."

또한 우리는 보다 민주적이고 창조적인 대화를 실천하기 위해서 다음의 몇 가지 사항을 유의하지 않으면 안 될 것이다. 첫째, 상대방의 의견과 주장을 정확히 이해할 수 있어야 한다. 그러기 위해서는 이야기를 경청하는 최대의 노력과 인내가 필요하며, 상대방의 이야기에 적절한 반응(맞장구나 짧은 질문)을 하는 습관을 길러야 한다. 하물며 상대방의 감정과 인격을 무시한다든가 상대방의 의견을 무시해서는 결코 안 된다. 둘째, 아집과 독선 그리고 편견과 선입견은 절대 금물이다. 독선이 심한 사람일수록 대화를 혼자서 거의 독점하다시피 하면서 자신의 신념이나 주장을 강요하고 걸핏하면 상대방의 이야기를 자른다. 나쁜 습관임에 틀림없다. 일본의 료칸(良寬) 스님은 '상대방의 이야기가 끝나지 않았는데 이야기하는 것은 하나의 파계 행위'라고 경책한다. 셋째, 보편적인 진리를 무시한 채 사회와 국가 더 나아가서는 인류의 이익과 번영을 생각지 않고 당사자들에게만 이로운 방향으로 문제를 해결하려고 해서는 안 된다. 부처님의 가르침은 정법正法과 대아大我를 지향하고 있다는 사실을 기억해야 한다. 지금이야말로 물리적 대결이 아닌 진정한 대화를 통하여 우리가 안고 있는 숱한 난제難題들을 지혜롭게 풀어야 할 때인 것이다.

침묵하는 것[默言]도 수행이지만 말을 바르게 잘하는 것도 수행이다. 말과 대화에 좀 더 자주 마음의 눈길[意識]을 주고, 그것을 다듬고 단장할 충분한 시간을 할애해야 한다.

미국에서 대중연설의 천재로 꼽혔던 해밀턴(Hamilton)이 "사람들은 나를 가리켜 말의 천재라고 하지만, 사실 나는 천재가 못 되지요. 나의 말을 칭찬하려면 이렇게 칭찬해 주었으면 합니다. 저 멋진 말은 해밀턴의 피나는 노력과 훈련의 덕택이라고 말입니다."라고 한 말을 음미하면서, 우리는 말에 대해 배전의 관심과 노력을 기울여야 한다.

그리고 우리는 저 유명한 '정구업진언'(淨口業眞言: 수리수리 마하수리 수수리 사바하)의 참뜻을 회복시켜 가야 한다. 그것은 신비의 주문이 아니라, 망어·기어·양설·악구 및 방언·비어·속어를 떠나고, 바른말·고운말을 사용하겠다는 간절한 서원이 아니던가.

요컨대 말은 정말 신중에 신중을 기해야 한다. 내가 지금 하는 말이 진실인지, 꼭 필요한지, 그리고 거칠지 않고 부드러운지 늘 살필 일이다. 발타사르 그라시안의 다음 경구는 금쪽 같은 명언이다.

"인생에서 한마디 더 말할 시간은 있어도, 취소할 시간은 오지 않는다. 아무리 사소한 말도 가장 중요한 말을 하는 것처럼 하라."

바로 지금이지 다시 시절은 없다

구두 닦는 사람을 보면
그 사람의 손을 보면
구두 끝을 보면
검은 것에서도 빛이 난다
흰 것만이 빛나는 것은 아니다

창문 닦는 사람을 보면
그 사람의 손을 보면
창문 끝을 보면

비누거품 속에서도 빛이 난다
맑은 것만이 빛나는 것은 아니다

청소하는 사람을 보면
그 사람의 손을 보면
길 끝을 보면
쓰레기 속에서도 빛이 난다
깨끗한 것만이 빛나는 것은 아니다

마음을 닦는 사람을 보면
그 사람의 손을 보면
마음 끝을 보면
보이지 않는 것에서도 빛이 난다
보이는 빛만이 빛은 아니다
닦는 것은 빛을 내는 일

성자가 된 청소부는
청소를 하면서도 성자이며
성자이면서도 청소를 한다
- 천양희, 「그 사람의 손을 보면」 -

우리는 대개 옷을 입는 일을 중요시하고 거기에만 많은 관심과 신경을 쏟는다. 하지만 빨래하고 세탁하는 일은 별로 중요하게 생각하지 않고 오히려 귀찮게 여기기까지 한다. 우리는 상을 차리고 음식을 먹는 일은 매우 즐거워하고 중요시한다. 반면에 음식을 먹고 난 다음, 설거지를 한다거나 배설하는 일은 가볍게 여기며 성가시게 생각하기까지 한다. 깨끗한 환경에 머무르기를 좋아하면서도 청소의 고마움을 잘 모르고, 청소하기를 꺼려하기도 한다. 또한 자신을 예쁘고 멋진 모습으로 단장하고 싶어하면서도 이를 닦거나 몸을 씻는 일은 귀찮아한다.

생각해 보면 이러한 태도는 얼마나 모순된 것인가? 옷을 세탁하거나 다리는 수고를 하지 않고서 옷을 상큼하게 입는 일은 불가능하다. 설거지를 하지 않고서는 위생적이고 맛있는 식사를 할 수 없으며, 배설하지 않으면 음식물의 섭취도 불가능해진다. 청소를 않는다면 상쾌한 기분을 느끼지 못할 뿐 아니라, 얼마 못 가 생활공간과 주거환경은 황폐화하고 말 것이다. 또한 이를 닦지 않고 얼굴과 몸을 씻지 않는다면, 스스로도 괴로울 뿐 아니라 사회생활하는 데도 큰 지장을 초래한다.

부처님은 연기緣起의 이치를 깨달아 부처님이 되셨다. 인간의 생로병사를 비롯하여, 이 세상의 모든 현상과 사물은 그것 단독으로 절대적으로 존재하는 것이 아니라, 그에 상응하는 원인과 조건의 뒷받침에 의해 존재한다는, 이른바 인과因果의 이법을 밝힌 것이 연기설이다. 이러한 초기불교의 연기설은 훗날 더욱 심오한 대승사상으로 전개된바, 화엄의 법계연기法界緣起가 그것이다. 중중무진한 법계연기의 사상은 저 절묘한 인드라망(Indra Net)의 비유에 그 개념과 의미가 잘 나타나 있다.

인드라망은 33천이라고도 불리는 도리천의 제석천에 있는 보배 그물이다. 이 그물은 낱낱의 그물코마다 보석 구슬을 달았다. 그런데 그 보석 구슬 하나하나에는 각각 다른 모든 보석 구슬의 영상이 비치고, 그 한 구슬 안에 비친 모든 영상들은 다른 일체 보석 구슬 속에 되비친다. 이러한 되비침은 끝없이 중첩[重重無盡]된다. 화엄에서는 이것을 일一과 다多가 서로 융화하며 상호 침투하고 있다[相卽相入]는 진리의 비유로 들고 있다.

이러한 불교의 연기론적 세계관에 따른다면, 우리는 모든 사물과 현상을 단순하게 기계적·정태적·개별적 또는 부분적으로 볼 것이 아니라 유기적·역동적·총체적으로 바라보아야 한다. 다시 말해서 우리는 모든 사물을 죽어있는 부분과 단면으로서가 아니라, 살아있는 전체의 모습과 작용으로서 통찰해야 한다는 말이다. 부분적이고 단편적인 진리는 온전한 진리가 아니며, 살아있는 진리가 아니다. 전체적이고 총체적인 진리라야만이 온전하고 살아있는 것이다.

이렇게 볼 때, 우리는 빨래하고 설거지하고 청소하고 씻는 일에 대한 지금까지의 인식과 태도가 얼마나 잘못된 것인가를 깨달을 수 있을 것이다. 우리는, 이러한 연기의 진리에 따라, 옷을 멋지게 입는 것과 빨래하는 일, 맛있게 음식을 먹는 것과 설거지, 쾌적하게 머물고 활동하는 것과 청소하는 일을 서로 분리시켜 생각해서는 안 된다. 우리는 배고플 때 맛있는 음식을 즐거운 마음으로 먹는 것처럼, 설거지 역시 즐거운 마음으로 해야 한다. 외출할 때 깨끗한 옷을 상쾌하게 입는 것처럼 빨래 또한 상쾌한 기분으로 해야 한다. 잘 정돈된 거실에 정결하게 자리하는 것처럼 청소도 정결한 마음으로 해야 한다.

그리고 이러한 불교적 관점에서 볼 때 청소하고 세탁하며 설거지하는 등의 가사노동은 그 정당한 가치를 가정적으로나 사회적으로 인정받아야 한다. 오늘날 큰 사회문제가 되고 있는 이혼율의 증가나 가정파괴도 이러한 가사노동에 대한 정당한 평가의 결여에서 비롯된 측면이 있다고 생각된다. 전업주부 여성들은 스스로가 가사노동에 대한 확고한 긍지를 가져야 할 것이고, 남성들은 가사노동의 가치를 충분히 인정하고 여성들에게 늘 감사해야 할 것이다.

십수 년 전 이런 저런 인연으로 일본의 대표적 선학자禪學者인 야나기다 세이잔(柳田聖山) 선생의 집을 방문할 기회가 있었다. 워낙 조촐한 집이기도 하였지만, 특히 우리 일행이 자리한 방의 벽면에는 불단을 모신 벽장을 제외하고는 아무것도 보이지 않았다. 다만 '즉卽' 이라는 작은 글자 하나가 쓰여있는 필통 크기만한 나무판이 아래 벽에 걸려 있을 뿐이었는데, 붓으로 쓴 그 '卽' 이라는 글자는 순간적으로 많은 의미와 큰 감동을 내 마음에 불러 일으켰다. 그때 뇌리를 스쳐간 것은 '아, 이 순간을 놓치면 내 인생은 없는 거구나.' '이 순간을 놓치면 부처님도 극락정토도 나와는 아무 상관이 없는 것이구나.' 는 등의 생각이었다. 그리고 잠시 후에 중국 임제 스님의 '바로 지금이지 다시 시절은 없다'(卽是現今 更無時節)는 가르침이 떠올랐다. 그것은 역설적으로 무시무종無始無終의 불교적 시간관을 말해 줌과 동시에, 인생에 있어서 참으로 중요한 때는 다름 아닌 '바로 지금'이라는 메시지를 전해주고 있다. 그러기 때문에 진정한 구도자는 참선과 수행을 위한 특별한 시간과 장소를 필요로 하지 않는다. 언제 어디서 무슨 일을 하든 정념正念을 닦고 화두를 놓지 않아야 한다(無時禪 無處禪). 생활선 또는 일상선은 바로 이 지점에서 시작된다.

이제 이러한 '즉'의 세계관과 인생관을 우리의 주제인 집안일, 다시 말해 귀찮고 사소한 일들에 적용시켜 보기로 하자.

우리는 이미 세탁하고 설거지하고 청소하고 씻는 일이 결코 귀찮거나 사소한 일이 아니라는 것을 살펴보았다. 그것은 이미 피할 수 없는 인간의 삶과 생활의 한 부분이요 과정이기 때문이다. 인간의 삶과 생활은 그 자체로도 충분한 의미가 있다. 그러나 불교가 궁극적으로 추구하는 목표는 삶 그 자체나 생활 그 자체가 아니다. 불교는 그 삶과 생활을 지혜와 자비의 힘으로 내면화하여 해탈과 열반의 차원으로 승화시키려 한다. 따라서 진정한 불교적 삶은 생활 그 자체라는 차원과 더불어 불교의 궁극적 목표를 향한 종교적 수행이라는 또 하나의 차원을 지닐 수밖에 없다. 그러나 이 두 차원은 떨어져 있지 않고 언제나 함께 한다.

그렇다면 우리는 그 귀찮고 사소한 일들을 중요하게 생각하고 즐거운 마음으로 기꺼이 해야 함은 물론, 그것들을 생활선 또는 일상선의 차원으로까지 끌어올려 놓아야 한다. 보살의 일상에 대한 『화엄경』의 다음 가르침은 아마도 이러한 맥락에서 이해하면 좋을 것이다.

 양치질할 때는 마음에 진리를 얻어 저절로 깨끗하게 되도록 원해야 합니다. 대소변을 볼 때에는 온갖 부정한 것을 버리고 탐욕과 성냄과 어리석음의 삼독도 버려야 합니다. 길을 갈 때는 청정한 법계를 딛고 마음속의 번뇌에서 벗어나야 합니다. 길을 올라갈 때는 무상의 도에 올라 삼계를 초월해야 합니다. 길을 내려갈 때는 부처님 법의 깊은 데까지 들어가야 합니다. 험한 길에서는 인생의 나쁜 길을 버리고 삿된 소견에서 벗어나야 합니다. 똑바른 길을 보면 마음을 바로 가져 거짓에서 벗어나야 합니다.

－『화엄경』「정행품淨行品」－

이 가르침 속에는 '즉'의 정신과 불교적 삶의 분명한 지향성이 짙게 무르녹아 있음을 알 수 있는데, 이것은 불교적 인생관의 필연적 결과라고도 생각된다.

　이러한 불교정신은 오늘의 수행 공간에도 그대로 반영되고 있으니, 그것은 무엇보다 스님들의 일상에 잘 나타나 있다. 스님들의 공양 시간은 단순한 식사 시간이 아니다. 거룩한 종교 의례이자 수행이다. 스님들이 밥 짓고 빨래하고 청소하는 일들 또한 그대로 수행인 것이다.

　여러 경전이나 율전律典 등의 가르침을 종합해 보면, 부처님의 위생관념은 상당히 철저했던 것으로 추측된다. 수행자에게 건강은 무엇보다도 큰 재산이었을 터이고, 더욱이 많은 사람이 공동체생활을 하였으므로, 병이 침투하면 전염될 위험이 높았기 때문에 위생은 무엇보다도 중요하게 생각되었을 것이다. 부처님은 『사분율』에서 제자들에게 규칙적으로(보름마다) 목욕할 것을 권하고 있으며, 『온실세욕중승경』에서는 목욕에 필요한 일곱 가지 물건을 쓰면 일곱 가지 병을 없앨 수 있고 일곱 가지 복을 얻을 수 있다고 설한다.

　또한 청소에 대해서, "비구는 마땅히 방사房舍를 치장하며, 침대를 털며, 침구를 볕에 쬐며, 방안의 거울을 치우며, 방을 청소할 때는 깨끗한 물을 길어다가 닦으며, 일정한 곳에 수건과 각건脚巾을 갖추어 두어야 한다."(『오분율』)라고 상당히 자세하게 일러주고 계시며, 그런데도 방 안에서 냄새가 날 경우에는 향수를 바르고, 그래도 냄새가 나면 방의 네 귀퉁이에 향을 걸어 두라고까지 타이르신다. 『근본살바다부율』에서는 변소 청소에 대해서도 상당히 상세하게 일러주고 계신다. 또한 공양 후에는 양지[버드나무 가지, 치목]를 깨물고 맑은 물로 양치질할 것을 가르치고 계신다. 더 나아가 양지를 깨물면 먹은 것을 소화시키고 차갑고 뜨거운 침을 제거하고 맛을 잘 식별하고 입에서 냄새가 안 나고 눈이 밝아지는 등의 다섯 가지 이익이 있음을 설하고 있어서 흥미롭기도 하다.(『오분율』)

옷을 빨아 입는 일 역시 부처님은 그냥 지나치시지 않는다.(『근본살바다부율』) 보조지눌 스님은 『계초심학인문』에서 6일이 아니면 내복을 빨지 말라고 하고 있는데, 이것은 매월 6일 · 16일 · 26일에 모든 성인이 모여 곤충류를 제도하므로 그날은 내의를 빨다가 벼룩이나 이를 죽이더라도 범계犯戒가 되지 않기 때문이라고 한다. 미물에 대한 배려와 자비심을 배울 수 있는 소중한 가르침이다.

우리는 이처럼 여러 불전 속에 설해져 있는 가르침의 참 정신을 오늘의 상황에 알맞게 적용시켜 갈 필요가 있다. 특히 21세기는 환경문제가 초미의 관심사가 되어 있다. 빨래 · 설거지·청소·목욕 등을 할 때에는 검약의 불교이념에 따라 물이 허비되지 않도록 각별히 유의해야 하며, 세제를 쓸 때에도 환경친화적인 것을 사용하도록 노력해야 한다.

한 가지 첨언하자면, 손톱과 발톱을 깎을 때는 성내는 마음을 반성하고, 세수할 때는 자신의 변덕을 반성하며, 머리 감을 때는 번뇌와 망상을, 양치질할 때는 나쁜 말 습관을, 팔과 다리를 씻을 때는 자신의 게으름을 돌이켜본다든가 하는 식의, 자신만의 어떤 원칙을 정해 놓고 반복하는 것도 좋을 것이다. 아니면 귀찮고 사소한 일들을 할 때, 마음속으로 하든 소리내어 하든, 좋아하는 경을 외운다든가 '나무아미타불'이나 '관세음보살' 등의 정근을 하는 것도 좋을 것이다.

집안일 하다

09

건강을 잃는 것은 전부를 잃는 것

독일의 자연주의 시인 아르노 홀츠(*Arno Holz*)는 그의 시
「달밤」에서 다음과 같이 노래한다.

 사과꽃 나뭇가지 뒤로 달이 떠오른다.

부드러운 선… 희미한 그림자를 가느다란 빛이

자갈 속으로 내리 붓는다.

소리도 없이… 팔락이는… 나비
부드런 빛 쐬며… 느릿하게… 거닐면
저 건너편 세계가 반짝반짝 빛난다.
풀밭과 덤불이 은색으로 빛난다.
골짜기가… 반짝인다.
멍청스런 어둠 속에서 달콤한 피리 불고
흐느끼고 환호하며
아아 밤의 나이팅게일이여
내 마음은 부풀어 오른다.

　건강한 사람에게 달밤은 홀츠의 시처럼 황홀하겠지만, 건강을 잃은 사람에게 달밤은 한낱 창백한 풍경에 지나지 않을 수도 있다. 건강은 우리에게 실로 소중한 것이다. 아니, 건강은 우리에게 모든 것일지도 모른다. "재산을 잃는 것은 조금 잃는 것이고, 명예를 잃는 것은 많이 잃는 것이며, 건강을 잃는 것은 모든 것을 잃는 것이다."는 말은 결코 과장된 말이 아니다. 불교에서도 건강은 참으로 소중한 것으로 인식된다. 『대장엄론』에는 다음과 같은 가르침이 설해져 있다.

병이 없음은 제일의 이익이요

만족함을 아는 것은 제일의 부라네.

좋은 친구는 제일의 친척이요

열반은 제일의 즐거움이라네.

無病第一利 知足第一富 善友第一親 涅槃第一樂

건강만큼 우리에게 필요하고 이로운 것은 없다는 말이다. 범부중생들뿐만 아니라 보살에게도 건강은 소중한 것이라고 『40화엄경』은 설한다.

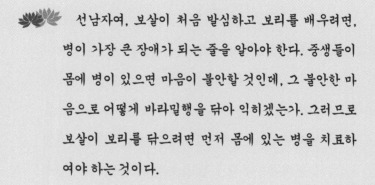 선남자여, 보살이 처음 발심하고 보리를 배우려면, 병이 가장 큰 장애가 되는 줄을 알아야 한다. 중생들이 몸에 병이 있으면 마음이 불안할 것인데, 그 불안한 마음으로 어떻게 바라밀행을 닦아 익히겠는가. 그러므로 보살이 보리를 닦으려면 먼저 몸에 있는 병을 치료하여야 하는 것이다.

그리하여 부처님 제자들은 건강에 대해 상당히 세심한 주의를 기울였던 것으로 추측된다. 그것은 『법원주림』의 내용을 통

해서도 알 수 있다. 그에 따르면, 봄의 석 달은 춥기 때문에 보리와 콩을 먹지 말며, 겨와 쌀과 제호와 모든 따뜻한 것을 먹어야 한다. 또한 가을의 석 달은 더우므로 겨와 쌀과 제호는 먹지 말며, 가늘게 만든 쌀 미숫가루와 꿀과 기장을 먹어야 한다.

현대적으로 말하자면 제철 식품과 지역 생산 식품을 먹는 것이 건강에 좋다는 말이다. 건강은 동서고금을 막론하고 모든 사람들의 큰 관심사였으며, 특히 바르고 절제 있는 식생활은 건강을 위해 필수적인 조건으로 간주되었다. 중국 원元나라 때 궁정에서 일한 어느 국수國手가 1330년에 쓴 『음선정요飮膳正要』의 첫머리에는 다음과 같은 내용이 나온다.

붓다의 생활 수업

스스로의 건강에 유의하는 사람은 음식물을 절도 있게 먹고, 근심거리를 없애고, 욕망을 줄이고, 감정을 누르고, 체력을 헛되이 소모하지 않도록 마음을 쓰고, 말을 적게 하고, 성공과 실패를 가벼이 여기며, 슬픔과 고통을 대수롭지 않게 알고, 어리석은 야망을 버리며, 좋고 나쁜 생각을 피하고, 시력과 청각을 진정시키며, 내장의 섭생에 충실해야 한다. 정신을 많이 쓰고 영혼을 괴롭히는 일이 없다면 어찌 병에 걸릴 까닭이 있겠

는가. 그러므로 심신을 기르려고 하는 사람은 배고픔
을 느꼈을 때만 먹고 결코 배가 부르도록 먹어서는 안
된다. 또한 목마름을 느꼈을 때만 마시고, 더욱이 배부
른 상태가 되도록 마셔서는 안 된다. 오랜 사이를 두고
조금씩 먹어야 하며, 너무 많은 분량을 쉴 새 없이 먹
어서는 안 된다. 배가 불렀을 때에도 약간 배고픔을 느
끼고 배고플 때에도 약간 배부름을 느끼도록 해야 한
다. 배부르게 먹는 것은 폐를 상하게 하고 배고픔은 정
력의 활동을 해친다.

　　　　　　　　　　　　　－ 임어당, 『생활의 발견』 11 －

　　음식물은 본래 양생의 문제라고 하며 주의를 당부하는 이 요
리서의 내용은 흡사 약사의 처방처럼 생각되기도 한다. 요즈음
세계적으로 문제가 되고 있는 비만증은 부처님 당시에도 있었
던 것 같다. 특히 코살라국의 바사익(파세나디)왕은 한때 비만으
로 큰 고통을 겪었던 모양이다. 왕은 엄청난 대식가로 끼니마다
혼자서 쌀 두 되 반으로 밥을 지어 엄청난 양의 고기반찬과 함
께 먹었다고 한다. 그리하여 몸은 자꾸 불어나 가마를 타는 것
조차 힘들어 하였고, 누웠다 일어날 때는 호흡이 가쁠 정도였다

고 한다. 바사익왕은 부처님이 계신 곳을 찾아가 종종 부처님의 설법을 들었는데, 식곤증 때문에 큰 몸집을 앞뒤로 흔들며 졸기 일쑤였다. 부처님은 힘들어 하는 왕에게 말씀하셨다.

> 🌸 사람들은 다섯 가지 이유로 살이 찝니다. 첫째는 자주 먹는 것이고, 둘째는 잠자기를 좋아하는 것이며, 셋째는 잘났다고 뽐내면서 즐거워하는 것이고, 넷째는 근심이 없는 것이며, 다섯째는 일이 없는 것입니다. 이 다섯 가지는 사람을 살찌게 하는 것이니 만일 살찌지 않게 하고 싶으면 음식을 줄이고 책임감을 갖고 나랏 일에 열중하십시오.

그리고는 우선 끼니 때마다 양을 한 홉씩 줄여 밥을 짓고 식사 끝에도 마지막 밥 한 숟갈을 남기는 습관을 들여 식사량을 줄여가도록 해 보라고 했다. 그 후로 왕은 부처님의 충고를 깊이 새겨 음식을 조절하여 먹게 되었고, 그리하여 비만증도 거의 사라지고 건강도 훨씬 좋아지게 되었다.

『불설의경』에서는 사람이 병을 얻게 되는 열 가지 원인을 설한다. 그 열 가지란 첫째, 오래 앉아 눕지 않는 것. 둘째, 음식 먹는 데 절제가 없는 것. 셋째, 근심하고 걱정하는 것. 넷째, 몹시 지치고 피로한 것. 다섯째, 음욕에 지나치게 빠지는 것. 여섯째, 성을 내는 것. 일곱째, 대변을 참는 것. 여덟째, 소변을 참는 것. 아홉째, 상풍上風을 억제하는 것. 열째, 하풍下風을 억제하는 것이다.

여기서 아홉째와 열째는 호흡에 관한 사항이다. 『탈무드』에도 "너무 오래 앉아 있으면 치질에 걸린다. 너무 오래 서 있으면 심장에 나쁘다. 너무 걸으면 눈에 나쁘다. 그러므로, 이 세 가지를 잘 안배해야 한다."는 말이 나온다. 뭐든 지나치면 안 되고 절제와 중도를 지키라는 가르침일 것이다. 여기서 "너무 걸으면 눈에 나쁘다"고 한 것은 이스라엘의 특수한 환경을 반영한 것이라고 생각된다. 이스라엘은 원래 사막의 나라여서 너무 오래 밖에서 걷다 보면 모래가 눈에 많이 들어가므로 눈에 좋을 리가 없을 것이다. 우리나라와 같은 환경에서도 지나친 운동은 좋을 리 없다. 하지만 운동량이 부족한 우리들에게 적당한 걷기 운동은 보약이나 마찬가지다. 『칠처삼관경』에 따르면 부처님도 제자들에게 걷기를 독려하신다. 걷는 데는 능히 달릴 수 있고, 몸에 활력이 생기고, 졸음을 쫓고, 소화가 잘 되고, 선정의 마음을 얻기 쉬운 등의 다섯 가지 좋은 점이 있기 때문이라고 그 이유까지 밝히고 계신다.

지나친 음주와 흡연 또한 건강에 좋지 않음은 물론이다. '술을 마시지 말라.'는 가르침은 불교인이면 누구나 반드시 지켜야 할 5계 속에도 포함되어 있다. 대체로 북방불교권에서는 술을 마시면 안 되는 이유를 술이 지혜 종자를 끊기 때문이라고 보며, 남방불교권에서는 술이 게으름의 원인이 되기 때문이라고 본다. 그러나 여러 불전에 의하면 술을 마시면 여섯 가지 재환災患이 따르고 36가지 과실이 따르는 등 많은 폐해가 있다고 하는데, 그 가운데는 술을 많이 마시면 '병이 많이 생긴다'는 폐해도 포함되어 있다. 술을 마시다 보면, 사람이 술을 마시는 단계를 지나, 술이 술을 먹게 되고, 더 나아가 술이 사람을 먹게 되기 쉽다. 술이 사람을 먹게 되는 단계의 음주는 건강에도 치명적임을 애주가들은 명심해야 한다. 술은 건강을 위하고 화합을 위해 부득이할 경우 마실 수도 있겠지만 '사람이 술을 마시는' 단계에서 그쳐야 할 것이다.

또한 여러 경전과 율전에는 위생과 관련된 내용들이 적지 않게 설해져 있다. 그 가운데 두 구절을 소개하도록 한다.

붓다의 생활 수업

비구는 마땅히 방사房舍를 치장하며, 침대를 털며, 침구를 볕에 쬐며, 방 안의 거울을 치우며, 방을 청소할 때는 깨끗한 물을 길어다가 닦으며, 일정한 곳에 손수건과 발수건을 갖추어 두어야 한다.

－『오분율』－

절의 하인을 감독하여 자주 변소를 살펴볼 것이며, 더러움이 있음을 보았을 때는 곧 쓸거나 바르거나 하고, 혹은 물로 씻어서 깨끗이 해야 한다. 또 소변하는 곳에 더러움이 있을 때는 수세미나 해진 수건 같은 것으로 닦고 물로 씻어 내되, 진흙 따위 때문에 막혔을 경우에는 뚫어서 냄새가 안 나도록 해야 한다.

－『근본살바다부율』－

부처님은 병을 앓는 환자에 대해서도 가르침 베풀기를 잊지 않으신다. 『증일아함경』에서 부처님은 환자가 병상에서 빨리 일어나기 위해서는 적어도 다섯 가지 조건이 필요하다고 설한다. 즉, 환자는 음식을 가려서 먹어야 하고, 때를 맞춰 먹어야 하며, 의사를 가까이하고 약을 꾸준히 먹어야 하며, 감정의 기복을 최소화해야 하며, 사랑하는 마음으로 돌보아주는 사람이 필요하다고 가르친다. 이 말씀은 오늘을 사는 우리에게도 예외 없이 적용되는 지혜로운 가르침이라고 생각된다.

이제 이러한 불교의 가르침에 의거하여, 우리가 건강을 지키기 위해 생활 속에서 꼭 유념해야 할 몇 가지 사항을 정리해 보도록 한다.

첫째, 우리 몸은 지, 수, 화, 풍地水火風 사대四大로 이루어져 있다. 사대의 조화와 균형이 깨지면 병이 생긴다. 사대의 조화와 균형을 유지하기 위해서는 규칙적인 생활, 절제와 중도의 생활이 필요하다.

둘째, 병은 마음에서 생긴다. 탐욕과 성냄과 어리석음은 무서운 독이니 항상 경계해야 한다. 마음을 부드럽고 너그럽고 가볍게 하며, 가급적 긍정적이고 낙관적으로 생각한다. 그리하여 늘 웃음과 가까이한다. 웃음은 엔돌핀, 나아가 다이돌핀을 발생시켜 신진대사를 원활하게 하며 면역력을 증강시켜 준다. 웃음은 건강의 수호천사임을 잊지 말자.

셋째, 음식은 자기 입맛에 맞는 것만 편식하면 안 된다. 최대한 골고루 섭취하도록 한다. 자기 체질에 맞는 음식을 선별해서 먹는 것보다는 골고루 먹는 것이 더 안전한 길이다.

마지막으로, 부지런해야 한다. 규칙적인 운동은 물론 자투리 시간 등을 활용하여 생활 속에서 늘 움직여 준다. TV 시청을 할 때나 화장실에서, 그리고 신호등을 기다리거나 교통수단을 이용할 때, 가만히 있지 말고 가급적 두드리고 문지르고 움직이며 걷는 것을 습관화한다. 무엇보다도 매일 108배를 올리도록 노력한다.

지
키
다

10

여행은 무집착의 체험

중국 당나라 때의 대시인 이백李白은 그의 「춘야연도리원서
春夜宴桃李園序」에서, "무릇 천지란 만물의 여관이요, 세월이란
영원한 나그네다."(夫天地者萬物之逆旅 光陰者百代之過客)라고 노
래하고 있다. 참으로 깊이 있는 통찰이다. 하지만 우리는 치열
한 경쟁의 소용돌이 속에서, 우리 인생은 본래 나그네길이고
이 세계는 우리가 잠시 머무는 여관일 뿐이라는 사실을 잊고
살아간다.

언제부턴가 휴가문화와 그에 따른 여행문화는 현대인의 삶

에 깊이 스며들어 생활의 한 부분이 되었다. 그렇지만 우리는 대부분 여행을 휴가의 연장선상에 있는 그 무엇으로 가볍게 인식하고 있는 듯하다. 우리는 이제 여행에 대한 인식을 새롭게 하지 않으면 안 된다. 여행에는 휴식 이상의 의미와 의의가 내재하기 때문이다.

일찍이 옛 선비들은 "산천을 유람하는 것은 좋은 책을 읽는 것과 같다."라고 했고, 성 아우구스티누스는 "세상은 책이다. 여행하지 않는 사람은 기껏해야 한 줄의 글을 읽은 사람에 불과하다."라며 여행을 독려했다. 세상에 존재하는 모든 것을 글로 읽을 수는 있을지라도, 그 향취까지 맡을 수는 없기에 여행이 필요하다고 강변하는 사람도 있다. 또한 피코 아이어(*Pico Iyer*)는, "떠난다는 것은 포기하는 것이 아니다. 계속 움직이는 것이다. 뭔가가 마음에 맞지 않기 때문에 방향을 바꾸는 것이 아니다. 당신이 일상적인 틀에 안주하고 싶지 않기 때문에 떠나는 것이다. 달리 말하면 떠나는 것은 불만의 토로가 아니라 긍정적 선택이다. 인생의 여정에서 멈추는 것이 아니라 더 나은 방향으로 한 걸음을 내딛는 것이다. 직장이든 습관이든, 버리고 떠난다는 것은 꿈을 실현할 수 있는 쪽으로 계속 움직이기 위한 방향전환이다."라고 더욱 구체적으로 충고한다. 질 들뢰즈(*Gilles Deleuze*)에 의하면, 인간이라는 동물은 고정된 계급, 혹은 확고부동한 위치로 존재하는 정착민이 아니라 새로운 삶의 풍요로움과 사랑과 우정의 삶을 찾아서 끊임없이 떠나는 노마드(유목민)이다. 이런 노마드적 본성을 지닌 인간 및 대부분의 동물은 마치 물이 흐르고 바람이 부는 것처럼 사랑과 우정이 맺는 관계의 상황과 조건에 따라서 각기 다른 이동루트나 길을 만들어 나간다.(장시기, 『노자와 들뢰즈의 노마돌로지』)

그러므로 본래 노마드인 우리는 타고르의 시구詩句처럼 우리 인생의 연약한 그릇에 신선한 생명을 채우기 위해, 작은 갈피리에 새로운 선율을 불어넣기 위해 여행을 떠나는 것이다. 생명에 대한 청마 유치환의 갈증은 엄숙하고 경건하기까지 하다.

 나의 지식이 독한 회의를 구하지 못하고
내 또한 삶의 애증을 다 짐지지 못하여
병든 나무처럼 생명이 부대낄 때
저 머나먼 아라비아의 사막으로 나는 가자

거기는 한 번 뜬 백일이 불사신같이 작열하고
일체가 모래 속에 사멸한 영겁의 허적虛寂에

오직 알라의 신만이 밤마다 고민하고 방황하는
열사의 끝

그 열렬한 고독 가운데
옷자락을 나부끼고 호올로 서면
운명처럼 반드시 「나」와 대면케 될지니
하여 「나」란 나의 생명이란
그 원시의 본연한 자태를 다시 배우지 못하거든
차라리 나는 어느 사구에 회한 없는 백골을 쪼이리라.

— 「생명의 書」 —

17년 전쯤 혼자서 배낭여행을 떠난 적이 있다. 여행 이틀째
되던 날, 나는 벨기에의 브뤼셀에서 묵기로 한 계획을 바꾸어
브뤼헤(Brugge)로 향했다. 브뤼헤는 중세풍의 전통을 고스란
히 간직한 조용한 도시로 한 폭의 풍경화 같은 인상을 주었
다. 아침 일찍 창가에서 청아하게 노래하는 이름 모를 새 소
리에 잠이 깼다. 순간, 나는 작은 침대에 누워 한국을 생각했
다. 엊그제까지 내가 머물던 한국에서 지금 이곳 브뤼헤는 한
낱 무無일 뿐이었다. 그 무 속에 이렇게도 예쁜 도시가, 건강

한 사람들이, 상쾌한 아침이 있다니 믿기지 않았다. 브뤼헤 사람들에게도 역시 서울의 한 마을은 무에 지나지 않을 것이라는 생각을 하니, 삶이, 세계가 더욱 신비하게 느껴졌다. 그러면서 새삼스럽게 나의 존재감이 또렷하게 부각되었다. '지금까지의 내'가 사라지고 그냥 하나의 생명으로서의 이름 모를 내가 '살아있다'는 강렬한 느낌이 전류처럼 흘러갔다. 여행길에서 흔히 경험하게 되는 이러한 생명감이 우리를 또 다른 여행길로 나서게 하는 것일 게다.

필자는 그때의 기억을 되새기면서 릴케의 「엄숙한 시간」이라는 시를 읽어 본다.

지금 세계의 어디에선가 누군지 울고 있다.

세계 속에서 까닭 없이 울고 있는 그 사람은

나를 위해 울고 있다.

지금 세계의 어디에선가 누군지 웃고 있다.

세계 속에서 까닭 없이 웃고 있는 그 사람은

나를 위해 웃고 있다.

지금 세계의 어디에선가 누군지 걷고 있다.

세계 속에서 정처 없이 걷고 있는 그 사람은

나를 향해 오고 있다.
지금 세계의 어디에선가 누군지 죽고 있다.
세계 속에서 까닭 없이 죽고 있는 그 사람은
나를 쳐다보고 있다.

이 시를 읽다 보면 세상 어디로든 훌훌 떠나고 싶어진다. 나를 얽어매고 있는 타율적 법과 관습과 도덕의 그물망에서 벗어나고 싶어진다. 그래서 풍경을, 사물을, 사람들을, 참으로 솔직하고 편하고 자유롭게 만나고 싶다. 그 낯선 대상에 나를, 나의 허상을 새롭게 비추어 보고 싶다. 타자화된 나를 버리고 진정한 나와 대면하고 싶다. 그리하여 푸르른 생명의 강물에 잿빛 실존을 흠뻑 담그고 싶다. 월트 휘트먼은 이런 심정을 '세계에 대한 인사'라고 표현했는지도 모르겠다. 그는 우리가 찾아가서 들을 만한 대상들을 그의 시를 통해 열거한다.

노동자의 노래와 농부의 아내가 부르는 노래, 멀리 아이들과 이른 아침 짐승들의 목소리, 야생말을 쫓는 오스트레일리아 사람의 신나는 외침 소리, 밤나무 그늘 아래 캐스터네츠를 들고 현악기와 기타에 맞춰 춤추는 스페인 무도, 프랑스의 힘찬 자유의 노래, 이탈리아의 뱃사공이 옛 시에 곡조를 달아 읊는 것, 무서운 구름 떼처럼 곡식과 풀을 내리 덮치는 시리아의 메뚜기 떼, 나일강의 가슴 위에 떨어지는 해를 향해 구슬피 반복하는 코프트 사람의 기도, 멕시코 사람의 나귀를 쫓는 쾌활한 노닥거림과 나귀의 방울 소리, 이슬람 사원의 뾰족탑에서 아라비아 사람이 기도 시간을 외치는 소리, 코작들의 외치는 소리와 오호츠크 바다로 떠나는 수부들의 노래, 희랍 사람의 율동적인 신화와 로마인의 힘찬 전설, 그리스도의 성스런 생애와 피에 젖은 죽음의 이야기, 3천 년 전에 쓰여져 오늘까지 내려온 사랑과 전쟁과 격언을 제자에게 가르치는 힌두교도의 목소리….

여행은 무집착의 체험이다. 석가모니 부처님은 길에서 태어나 길에서 살다 길에서 열반에 드신 분으로 한마디로 '무집착'의 삶을 살다 가신 분이다. 또한 이 세상의 모든 사물과 존재는 불교의 연기적 세계관의 관점에서 보면, 시간적으로는 무상無常이요, 공간적으로는 무아無我이다. 무상과 무아의 진리 역시 '무집착'의 실천을 토로하고 있다. 초기불교 교단에서 출가수행자의 생활 규범이었던 '4의지依止'의 원칙 가운데, 지붕이 있는 집에 머물지 말고 '나무 아래 머물라'(樹下住)는 가르침 역시 무집착의 정신을 역설하고 있다. 부처님은 제자들에게 줄기차게 무집착을 설파하셨다.

라훌라야, 어떤 종류의 물질이든, 즉 과거·미래·현재 중 어디에 속하든, 밖에 있든 안에 있든, 거칠거나 미세하거나, 멀리 있거나 가까이 있거나, 모든 물질들色은 '이것은 나의 것이 아니며, 이것은 내가 아니며, 이것은 나 자신이 아니다'고 바른 지혜로 보는 사람은 집착 없는 해탈에 이른다. 어떤 종류의 느낌受이든, 생각想이든, 의지行이든, 의식識이든 모두 '이것은 나의 것이 아니며, 이것은 내가 아니며, 이것은 나 자신이 아니다'고 바른 지혜로 있는 그대로 보아야 한다.

-『상응부경전』-

붓
다
의
생
활
수
업

 자기와 관계 있는 어떤 것에 집착하여 다른 모든 것들은 열등하다고 보는 사람은 속박에 갇혀 있다고, 진리에 통달한 사람들은 말한다. 그러므로 수행자는 자기가 본 것, 들은 것, 인식한 것 등을 무조건 신뢰하여 그것만이 옳다고 주장하지 않는다.

-『경집經集』798 -

소리에 놀라지 않는 사자처럼, 그물에 걸리지 않는
바람처럼, 더러운 물에 물들지 않는 연꽃처럼, 무소의
뿔처럼 혼자서 가라.

－『경집經集』71 －

학창시절 어느 노스님으로부터, 스님들은 항상 세 가지 준
비를 하고 있어야 한다는 법문을 들은 적이 있다. 스님들은 항
상 떠날 준비를 하고 있어야 하고, 설법할 준비를 하고 있어야
하고, 죽을 준비를 하고 있어야 한다는 것이다. 안거가 끝난
스님들은 대부분 만행의 길에 오른다. 스님들에게는 바랑 하
나 걸머지고 구름처럼 물처럼 길을 떠나는 그 자체가 또 다른
수행이고 곧 삶이리라. 불교인은 '바랑 하나 걸머지고 길을
떠나는 스님'의 모습을 늘 마음에 새기며 일상에 지칠 때나 타
성과 안일에 빠져 있다고 느낄 때, 주저 없이 여행길에 오를
수 있어야 한다.

때로는 준비 없는 편안한 여행도 좋지만, 대부분의 여행을
위해서는 평상시 여행경비는 물론 필요한 정보와 상식도 준비
하고 챙겨두는 것이 좋다. 어떠한 정보가 필요한지를 알려주
며 기본 상식을 제공하는 책들은 적지 않으니 가끔 서점에 들

러볼 일이다. 필자는 롤프 포츠(*Rolf Potts*)가 쓴 『여행의 기술』에서 많은 도움을 받았다. 이 책에서는 성공적인 여행을 위한 다양한 지식과 관련 웹사이트 등의 정보를 알려주고 있어, 여행을 망설이는 사람들에게 용기와 자신감을 안겨줄 수 있으리라 생각된다. 떠나기 전, 여행할 곳의 역사와 문화에 대해 공부해 둔다면 더욱 풍요로운 여행이 될 것이다.

여행은 인생의 시기마다 느낌도 다르고 성격도 다를 것이다. 학창시절의 수학여행과 청·장년기의 배낭여행, 그리고 노년기의 가족여행은 그 내용과 목적이 다를 수밖에 없다. 그 성격과 목적에 걸맞는 여행이 되도록 준비하는 지혜가 필요하다. 이런 맥락에서 필자는 특히 테마여행을 권장하고 싶다. 〈산사 순례〉·〈불교문화재 기행〉·〈선지식을 찾아 떠나는 여행〉·〈세계 불교 수행센터를 찾아〉·〈성지 순례〉 등은 불교적 테마여행의 몇 가지 예가 될 수 있을 것이다.

그리고 이제 우리는 1980년대 유럽과 미국 등을 중심으로 시작된 '공정여행'(착한 여행, 책임 여행)의 개념을 기억하면서, 여행을 하면서도 세계 시민으로서의 책임과 의무를 다하도록 해야 한다. 약간의 불편함을 감수하더라도 현지의 환경을 해치지 않고 다국적 기업보다는 현지의 여행업자 및 개인들에게

혜택이 돌아갈 수 있도록 배려해야 한다.

끝으로, 여행이 즐겁고 소중한 것은 우리의 일상을 가능케 하는 집이 있기 때문이라는 사실도 잊지 말 일이다. 누군가(사랑꾼 미쉘)는 "여행이 주는 마지막 선물은 집으로 돌아오는 길"이다고 하지 않았던가. 나아가 집을 떠나는 것만이 여행이라는 생각도 떨쳐버려야 한다. 일상 속에서, 속도에 이끌려가지 않고 여유로움과 넉넉함을 가지고 살아갈 때, 우리는 삶을 즐기며 삶의 아름다운 풍광과도 만날 수 있을 것이다.

떠
나
다

차 - 내면을 돌아보는 멋과 맛

일곱 잔의 차(七碗茶詩)

첫째 잔은 목과 입술을 적시고

둘째 잔은 외로움과 번민 씻어주네

셋째 잔은 메마른 창자 살펴주니 생각나는

    글자가 오천 권

넷째 잔은 가볍게 땀 솟아 평생의 불평 모두

    털구멍으로 흩어지고

다섯째 잔은 기골이 맑아지고

여섯째 잔은 신선과 통하네

일곱째 잔은 마시지 않아도 느끼노니

    두 겨드랑이에 맑은 바람이 솔솔 이네.

                             - 노동(당나라 시인) -

우리말에 '다반사' 또는 '항다반사恒茶飯事'라는 말이 있다. 이 말은 우리가 차를 마시거나 밥을 먹는 것처럼 흔히 있는 일, 예사로운 일이라는 뜻이다. 차는 이렇게 언제부턴가 우리 생활과 뗄래야 뗄 수 없는 밀접한 관계를 맺게 되었다. 점심을 먹고 난 후 커피나 녹차를 마시는 것은 샐러리맨들의 일상이 되었고, 일을 하거나 공부를 하다가 쉬는 시간에 자판기에서 커피 한 잔 빼먹는 것이 그야말로 다반사가 되었다. 오랜만에 만난 친구와 전망 좋고 분위기 좋은 찻집에서 차 한 잔을 나누며 정담을 나눈다거나 집안 청소를 말끔히 끝낸 후에 아름다운 음악을 들으며 커피를 즐기는 것은 생활의 작은 행복이라 할 것이다. 임어당林語堂의 말을 빌 필요도 없이, 우리가 여가와 우정, 사교, 한담을 즐기는 데 있어서 한 잔의 차처럼 중요하고 직접적인 효과가 있는 것도 드물다. 차는 이처럼 우리의 생활 속에 여유와 행복을 주는 윤활유와 같은 역할을 하는 소중한 식품이라 할 것이다.

하지만 우리의 전통차인 작설차는 위에서 말한 생활차의 범주를 넘어 자신의 내면을 돌아보게 하는 기능까지도 갖는다. 여기에서는 이러한 자기 성찰의 기능을 갖는 차나무의 눈이나 잎을 재료로 해서 만든 전통차에 대해 언급하고자 한다.

불교는 어떤 절대자나 유일신을 인정하지 않는다. 따라서 자신을 구제할 주체도 자기 자신일 뿐이다. 우주와 인생의 진리를 스스로 깨우쳐 부처가 됨으로써 고통과 번뇌의 바다를 건널 수 있다고 본다. 보조 지눌 스님은 『수심결修心訣』에서 다음과 같이 설한다.

슬프다. 요즘 사람들은 너무 영리하여 자기 마음이 참부처인 줄 알지 못하고 자기 성품이 참법인 줄을 모른다. 법을 저 멀리 성인들한테서만 구하려 하고 부처를 찾고자 하면서도 자기 마음은 살피지 않는다. 만약 마음 밖에 부처가 있고, 성품 밖에 법이 있다고 고집하면서 불법을 구한다면, 이런 사람은 억만년을 지나도록 온갖 고행을 쌓는다 할지라도 아무 보람도 없이 수고로을 뿐이다. 자기 마음을 알면 끝없는 법문法門과 한량없는 진리를 저절로 얻게 될 것이다.

마음을 바로 알기 위해서는 우선 마음을 맑고 고요하게 하는 것이 순서일 것이다. 맑고 고요한 호수 위에, 하늘을 나는 흰 구름이 그대로 비치고 호숫가의 나무와 꽃이 굴절 없이 비치듯, 우리의 마음이 맑고 고요해져야 우리 마음의 참모습과 모든 존재의 실상이 있는 그대로 비칠 것이다. 불교에서의 선禪은 바로 마음을 맑고 고요하게 하는 수행법에 다름 아니다.

불교에서는 차 마시는 것 또한 우리의 마음을 맑고 고요하게 하는 수행으로 인식해 왔다. 그리하여 다선일미茶禪一味라든가 선다일여禪茶一如라는 말도 나타나게 되었다.

불가佛家에서는 다례茶禮를 봉행할 때에 흔히 다게茶偈를 읊었는데, 지금도 새벽예불을 올릴 때에 부처님 전에 차나 청수淸水를 올리고 다음과 같은 다게를 송한다.

제가 이제 맑고 깨끗한 물로
감로의 차를 만들어
삼보님 전에 받들어 올리나니
원하옵건대 자비로이 받아 주소서.

我今淸淨水 變爲甘露茶 奉獻三寶前 願垂哀納受

감로란 원래 '불사不死'의 뜻으로 천인天人들이 먹는 달콤한 천주天酒라고 한다. 천인들이 이 감로를 먹으면 수명이 길고 몸은 편안해지며 힘이 세어지고 몸은 빛나게 된다. 그래서 이 감로는 불사약不死藥이라고도 불린다. 여기에서 연유하여 중생의 모든 고통을 씻어 주는 부처님의 가르침을 감로법甘露法이라고 부른다. 따라서 이 감로의 차는 불교의 궁극적 목표인 해탈과 열반을 상징한다고도 할 수 있는 것이다.

구한말의 이낭산李郎山은 마치 위의 다게에 대해 응답이라
도 하듯 다음의 다시茶詩를 남기고 있다.

> 차의 첫 향기에 노불은 잔잔히 미소 짓고
>
> 종소리 울린 후 청산은 묵묵히 귀 기울이네.
>
> 香初老佛微微笑　鍾後青山默默聽
>
> － 최범술,『한국의 다도』－

술을 마셔서는 안 되는 수행자들이 차를 즐겨 마시게 된 것
은 어쩌면 당연한 일일지도 모르겠다. 차는 도반과 정담이나
법담을 나누는 데 꼭 필요한 매개물이기 때문이다.

> 늙고 병들어 사립을 닫고 산 지 십년
>
> 산골짝 하도 깊어 찾는 이 드문데
>
> 지저귀는 산새 소리에 마음이 끌리더니
>
> 흰 구름 깊은 곳에 중 하나 찾아오네.
>
> － 청허: 석정,『내가 애송하는 선게(禪偈)』－

이것은 조선시대 중기 승병장을 지낸 서산西山대사 청허淸虛

의 시인데, 우리는 여기서 암자를 찾아온 스님과 선사가 만난 후, 차를 함께 나누는 장면을 자연스럽게 그려보게 된다.

특히 청허 선사는 혼자서도 차를 즐겨 마셨고 마침내 다선일여의 경지에 드신 분이 아닌가 생각된다. 다음의 '다시茶詩'는 그것을 증명해 준다.

> 소나무에 솔바람 불고 전나무에 비올 때
> 동병에 끓는 물을 죽로에 옮겨라
> 저 소리와 듣는 내가 함께 고요해지면
> 한 잔의 춘설 맛을 제호에 비기랴.
>
> — 청허 : 석정, 『내가 애송하는 선게(禪偈)』 —

주관과 객관이 끊어진 무분별지無分別智의 경지에서 춘설 차를 음미하는 것은 그대로 선禪의 경지라 해도 좋을 것이다. 완당阮堂 선생의 다음 게송도 다선일여의 세계를 잘 드러내 주고 있다.

조용히 앉은 자리

차는 반쯤 비웠는데 향기는 처음 그대로

마음이 미묘하게 움직일 때

물은 흐르고 꽃은 피어나네.

靜坐處茶半香初 妙用時水流花開

　혼자서 마시는 차는 본래의 자기와 통하고 우주와 통한다.
그래서『다신전茶神傳』에서, 여럿이 마시는 차는 소란스러워
아취雅趣가 줄어든다고 하면서, 차는 혼자 마실 때 신령神靈스
럽다고 하였을 것이다.

　우리가 전통차에 깃든 이러한 정신과 아취를 이어받기 위해
서라도, 불교인이라면 아니 한국인이라면 적어도 다기 세트
하나 정도는 마련하는 것이 좋을 듯싶다. 기본적으로 필요한
다기로는 차를 달이는 도자기 주전자인 다관, 달인 차를 다관
에서 받아 찻잔에 나누어 주는 그릇인 유발, 다 달인 찻잎이나
찻잔 씻은 물을 모아 두는 퇴수사발, 차를 담아 마시는 찻잔
등을 들 수 있을 것이다. 찻잔받침과 찻숟가락[茶匙], 찻수건
[茶巾]과 차통, 나아가 차반茶盤이나 차탁茶卓 등의 다구는 자
신의 취향에 맞는 것으로 형편에 따라 하나하나 장만해 가면

좋을 것이다.

이렇게 기본적인 다기와 다구를 마련하여 차를 마시게 될 때, 우리가 유의해야 할 점은 무엇일까.

우선 차를 느끼고 즐기는 것이다. 향기[香]와 빛깔[色]과 맛[味]은 차의 세 가지 특성으로서 흔히 차의 3요소라고 불리운다. 따라서 코로는 차의 은은한 향기, 아가의 살갗에서 나는 것 같은 향기를 맡으면서, 그 향을 천천히 그리고 깊숙이 들이킨다. 눈으로는 차의 빛깔을 바라본다. 우리나라에 일반화되어 있는 찐차, 이른바 녹차의 빛깔은 녹색이고 한국의 전통 자생차로 만든 덖음차의 빛깔은 다갈색이다. 녹색과 다갈색의 찻물을 바라보면서 우리의 눈과 마음은 편안해질 것이다. 혀로는 차의 고유한 맛을 느낀다. 차에는 다섯 가지 맛이 있다고 한다. 단맛, 쓴맛, 떫은맛, 고소한 짠맛, 신맛이 그것이다. 이 다섯 가지 맛이 조화와 균형을 이루어 어느 한 맛도 넘치거나 모자라지 않아야 훌륭한 맛이다.

이밖에도 귀로는 찻물 끓는 소리라든가 다관에서 물 따르는 소리를 듣는다. 이러한 소리는 숲속의 바람 소리 또는 시냇물 소리와 같은 자연의 소리를 닮아 귀를 편안하게 하고 마음을 부드럽게 한다. 손으로는 도자기 잔의 촉감과 따뜻함을 느끼며 즐긴다. 또한 차는 우리의 의식을 맑게 해 주는 효능이 있음을 기억해야 한다.

이렇게 볼 때 결국 차에는 눈, 귀, 코, 혀, 몸, 뜻의 육근六根을 편안하게 하고 청정하게 하는 작용이 있음을 알 수 있다. 그리하여 차 속에서 우리는 자연을 만나기도 하고 자신과 대면하기도 하는 것이다. 지허指墟 스님은 우리의 조상들이 다음과 같이 차를 즐기고 사랑했음을 알려준다.

우리 조상은 청자 찻잔받침 위의 고운 모습의 차에서 높고 맑은 한국의 가을 하늘을 보았다. 그리고 분청자기 찻잔 속의 잘 달여진 차에서는 이른 봄에 새 움 피는 골짜기의 한낮 같은 산을 보았고, 따뜻하게 우러난 차를 대하면서 잃었던 자신을 만나곤 했다. 또 백자의 찻잔받침 위에 얌전히 담긴 목화송이 같은 찻잔 속의 차에서 보리밭 너른 들 위로 화창한 봄 하늘을 수놓은 게으른 흰 구름을 만나기도 했다.

— 지허 스님, 『茶: 아무도 말하지 않은 한국 전통차의 참모습』 —

다음으로 차 소비자로서 우리가 유의해야 할 점은 되도록 좋은 차를 마셔야 한다는 것이다. 좋은 차가 꼭 값비싼 차를 의미하지는 않는다. 같은 차라도 우리가 차를 어떻게 보관하고 어떤 물을 쓰고 마음가짐을 어떻게 하느냐에 따라 좋은 차가 될 수도 있고 나쁜 차가 될 수도 있다. 좋은 차를 마시기 위해서 다음 몇 가지 사항은 꼭 지켜야 한다.

첫째, 변질되거나 부패된 차를 마시지 않으려면 차를 잘 보관해야 한다. 차는 통풍이 원활하고 서늘한 곳에 보관해야 하며, 특히 습기가 스며들지 않도록 주의해야 한다. 차를 꺼낸 후, 차 봉지는 고무줄이라든가 테이프를 이용해 공기가 통하지 않도록 봉해야 한다. 변질되거나 부패된 차는 화분 같은 데 버리거나, 따뜻한 물에 풀어 세수를 하거나 몸을 씻을 때 사용한다.

둘째, 다관에 넣을 차의 양을 사람 수에 따라 잘 조절하여야 한다. 차의 양이 너무 적으면 차가 싱겁고, 너무 많으면 독하여 차 맛을 제대로 느낄 수 없게 된다.

셋째, 좋은 물을 사용해야 한다. 초의 선사는 '물은 차의 몸'이라고 할 정도로 물의 중요성을 강조했다. 물은 양지보다는 음지의 석간수가 더 좋고 석간수 중에서도 노란 돌이나 흰 돌 사이에서 나오는 물이 좋으며 같은 석간수라도 흐름을 멈추고 안정되어 있는 물을 활용하는 것이 더 좋다고 한다. 석간수의 물을 이용하기가 어려우면 미네랄 워터도 무방하다. 그러나 염소 냄새가 나는 수돗물은 피해야 한다.

넷째, 차를 마실 때는 마음을 편안하고 고요하게 갖는다. 일본의 다인이자 선승인 센노리큐(千利休)는 화和, 경敬, 청淸, 적寂을 '사규四規'로 제시하고 있거니와, 차를 마실 때는 항상 화합의 마음, 공경의 마음, 맑은 마음, 고요한 마음을 유지하도록 주의해야 한다. 이러한 공부가 성숙되면 다선일여의 경지도 그리 멀지는 않을 것이다.

오늘을 살아가는 우리는 너 나 할 것 없이 내면을 돌아보기보다 밖을 향해 치닫기만 한다. 그러다 보니 시간에 쫓기며 여유 없는 삶을 살아간다. 생활방식도 대부분 전통문화와는 거리가 먼 서구식이다. 그러나 우리는 이러한 서구 물질문명의 도도한 흐름에 그냥 떠밀려 가서는 안 된다. 이럴수록 불교적 가치관과 인생관을 굳건히 하고 불교적 생활의 지혜를 모색해야 한다. 우리 전통차를 마시는 일은 그 지혜의 하나임을 믿어 의심치 않는다. 전통차는 콜레스테롤의 저하라든가 비만 방지 및 당뇨병의 예방 효과, 그리고 항암 작용 등의 효능이 있는 것으로 알고 있다. 뿐만 아니라 차를 마시며 우리는 잃어버린 자연과 자신을 다시 만나게 된다. 아무리 바쁘더라도 하루에 한 번은 전통차를 대면하고 차 몇 잔 마시는 것을 생활화하도록 다 같이 힘써 가자.

술 - 독으로 마실 것인가
약으로 마실 것인가

고 정주영 회장은 당나라 시인 백락천白樂天의 '대주對酒'라
는 시를 거실 한쪽 벽에 늘 걸어 놓았다고 한다.

대 주(對酒)

와우각상쟁하사(蝸牛角上爭何事)

석화광중기차신(石火光中寄此身)

수부수빈차환락(隨富隨貧且歡樂)

불개구소시치인(不開口笑是痴人)

술을 대하며

달팽이 뿔 위에서 무슨 싸움질인가
부싯돌 번쩍하는 순간에 이 몸 맡기고 있음을
부유하거나 빈곤하거나 늘 즐겁나니
입을 열어 웃지 않으면 어리석은 사람

　　생각을 바꾸면 광활한 우주 속에서 지구는 한 점 티끌에 지나지 않고 영겁 속에서 인생 백년은 한순간일 뿐이다. 술은 가끔 우리의 생각을 바꾸게 하여 호연지기를 키워주기도 하고 우리를 낙천적인 사람으로 만들기도 한다. 아무튼 정주영 회장은 이 시를 읽으며 마음을 다스렸음 직하다.

　　술을 즐겨 마셨던 중국의 시선詩仙 이백李白은 다음과 같이 노래한다.

 둘이서 마시노라니 산에는 꽃이 벌고
　　한 잔 한 잔 기울이면 끝없는 한 잔
　　취했으니 난 자려네, 자넨 갔다가
　　내일 아침 맘 내키면 거문고 안고 오게나.

－ 이원섭 역, 『대작(對酌)』 －

우린 모두 이태백의 후예들이라도 된 것일까.

우리나라 사람들이 '한 잔 한 잔 기울이면 끝없는 한 잔'(一杯一杯復一杯)하면서 마시는 술의 양은 여러 통계숫자를 인용할 필요도 없이 가히 세계적이라고 할 수 있다. 생활의 윤활유로 기능할 정도의 적당한 음주야 크게 문제될 것도 없겠지만 지나친 음주는 문제다.

탈무드가 말하는 술의 기원은 자못 흥미롭다.

이 세상에서 최초의 인간이 포도를 심고 있을 때, 악마가 찾아와서 양·사자·돼지·원숭이를 죽여 그것을 비료로 썼는데, 거기에서 포도주가 생겨나게 되었다고 한다. 그러한 이유로 술을 마시면 처음에는 양처럼 순하나, 조금 더 마시면 사자처럼 강하게 되고, 더 마시면 돼지처럼 추하게 되며 너무 지나치게 마시면 원숭이처럼 춤추거나 노래 부르게 된다는 것이다. 요컨대 술은 악마가 인간에게 준 선물이라는 것이다.

지나친 음주는 개인과 그 가정은 물론 사회적으로도 많은 문제를 야기시킨다. 다음의 네 가지가 그 대표적인 사회적 문제라 할 것이다.

첫째, 질병의 문제다. 전세계적으로 매년 7백만 명이 술·담배·마약 등으로 조기 사망하고 이 숫자는 계속 증가하고 있다. 특히 음주는 각종 암과 정신질환 등의 질병을 유발시켜 매년 180만 명을 죽음으로 몰아간다고 한다. 우리나라에서도 술과 관련이 깊은 간암 및 간 질환이 40~50대 남성 사망의 주요 원인으로 자리잡은 지 이미 오래다.

둘째, 범죄의 문제다. 가정 내의 폭력, 특히 아내와 어린이 학대, 각종 폭력 사고, 성범죄 등은 음주와 관련이 크다.

셋째, 교통사고의 문제다. 음주 운전 및 알코올 중독자의 운전은 차량사고의 위험을 높인다. 음주 운전 중에는 판단력 장애, 반응시간의 지연, 반응의 부적합 등으로 사고의 위험이 증가하기 때문이다. 혈중 알코올 농도가 80mg/100ml에 이르면 어둠에서의 적응장애가 나타나며 다른 차의 통과에 대한 판단력 저하, 주위 식별의 저하, 감각 자극의 저하, 장시간 운전시와 같은 주의력 감퇴 등이 나타난다.

넷째, 자살의 문제다. 알코올 중독자에게서 자살은 다른 파괴적 행동과 더불어 많이 일어나며 2~4%에 이른다. 이들은 대부분 만성 중독에 따른 우울증에 시달리며, 수 주간의 과음 후 자살을 기도하기도 하고, 음주 중에 다른 사람(주로 가족)에게 분노를 터뜨린 후 자살을 기도하기도 한다.

그런데 얄궂게도, 물론 상징적이고 의식적인 측면이 강하지만, 음주의 관습은 종교와 밀접한 관련이 있다. 인도의 베다시대에는 소마(Soma)주를 빚어 신에게 헌공하는 의식이 있었고, 가톨릭에서는 지금도 포도주를 예수의 피의 상징으로 생각하여 세례 받을 때에 사용하고 미사 중에 주교가 마시기도 한다. 원시인들은 발효를 증식의 상징으로 생각하여 풍요와 연관시켰고, 여성의 생식작용을 의미한다고도 보았다. 농경시대에 들어와서는 곡물로 만든 술이 나타나면서 동·서양을 막론하고 술은 농경신과 깊은 관계를 맺기도 하였다.

그러나 불교에서는 술에 대해 매우 엄격한 입장을 취하고 있다. 불교의 궁극적 목적인 깨달음과 해탈을 성취하기 위해서는 반야지혜와 용맹정진이 필수적인데, 술은 지혜의 힘을 약화시키고 게으름을 증장시키기 때문이다. 불교의 여러 계율, 이를테면 구족계具足戒는 물론 5계, 팔관재계八關齋戒, 사미십계沙彌十戒, 보살계 등은 한결같이 술 마시지 말 것을 말하고 있다. 이 가운데 사미십계의 다섯 번째 '술 마시지 말라'는 계율 조항의 내용을 살펴보기로 한다.

술은 사람을 취하게 하는 독약이다. 한 방울도 입에 대지 말고 냄새도 맡지 말며 술집에 머물지도 말고 남에게 술을 권하지도 말라. 어떤 신도는 술을 마시고 다른 계율까지 범한 일도 있지만, 출가 수행자가 술을 마시는 것은 말할 수 없는 허물이다. 술 한 번 마시는 데에 서른여섯 가지 허물이 생기니 작은 죄가 아니다. 술을 즐기는 사람은 죽어 똥물지옥에 떨어지며 날 때마다 바보가 되어 지혜의 씨가 없어진다. 차라리 구정물을 마실지언정 술은 마시지 말라.

　　아함의 『육방예경』에서는 술의 폐해로 재산의 허비, 질병의 발생, 싸움, 나쁜 이름의 유포, 분노의 폭발, 지혜가 날로 줄어듦의 여섯 가지를 설하고 있다. 더 나아가 경집부經集部의 『불설분별선악소기경』에서는 음주의 36가지 허물을 설명하고 있는데 다음과 같다.

　　①재산이 산실됨　②많은 질병을 앓게 됨
　　③싸움의 원인이 됨
　　④살해하거나 하고 싶은 마음이 늘어남

⑤노여움이 늘어남　⑥자신의 뜻을 따르지 못함

⑦지혜가 점점 줄어듦　⑧복덕이 늘지 않음

⑨복덕이 오히려 점점 줄어듦　⑩비밀을 드러냄

⑪사업이나 목표를 달성하지 못함

⑫근심과 괴로움이 증가함

⑬감각기관이 암매闇昧해짐　⑭부모를 욕되게 함

⑮사문을 존경하지 않음　⑯바라문을 존경하지 않음

⑰불보佛寶를 공경하지 않음

⑱법보法寶와 승보僧寶를 공경하지 않음

⑲나쁜 친구와 가까워짐

⑳좋은 친구와 멀어짐　㉑끼니를 거름

㉒외모가 단정치 못함　㉓음욕이 치성해짐

㉔많은 사람이 기뻐하지 않음

㉕쓸데없는 말이 많아짐

㉖부모님이 기뻐하지 않음

㉗권속이 싫어함　㉘비법非法을 받아들임

㉙정법正法을 멀리함

㉚어질고 착한 이를 존경하지 않음

㉛과실을 많이 저지름　㉜열반을 멀리함

㉝점점 미쳐감 ㉞몸과 마음이 산란해짐

㉟악을 행하고 게을러짐

㊱죽은 후에 지옥에 떨어짐.

　하지만 불교에서는 음주 그 자체를 죄악으로 보지는 않는다. 살생, 도둑질, 사음, 거짓말은 그 자체가 죄이기 때문에 금하지만[性戒] 음주는 그러한 네 가지 죄악을 예방하기 위해 금한다[遮戒]. 이에 관한 일화가 있다.

　옛날 어떤 사람이 절에서 5계를 받고서 마을로 내려오고 있었다. 마침 마을 입구의 주막에서 구수한 냄새가 풍겨 나왔다. '저 음식을 안주 삼아 마지막으로 딱 한 잔만 하고 가자.'고 생각하고 그는 술 한 잔을 시켰다. 그러나 이것이 마지막 기회고 또 이왕 마셨으니 좀 더 마시자고 하여 마침내 대취하고 말았다. 취해 집으로 돌아오는데, 옆집의 통통한 닭 한 마리가 눈에 띄었다. 그는 그것을 잡아 삶아 먹어 버렸다. 살생을 행하고 도둑질을 한 것이다. 그런데 옆집 아주머니가 자기 집으로 들어와 "혹시 우리 집 닭을 못 보셨소?" 하고 묻는 것이었다. 그는 시치미를 떼며 "못 보았소." 하고 거짓말을 하였다. 더욱이 취중에 그녀가 유난히 매혹적으로 보여, 그는 충동을 이기지 못하고 그 여인을 범하고 말았다.

결국 그는 술 한 잔 때문에 조금 전 받은 5계를 모두 파하고 많은 죄업을 짓게 된 것이다. 이처럼 술은 다른 죄를 짓게 만들기 때문에 술 마시는 것 자체도 죄악시하여 금하는 것이다. 어쨌든 불교에서는 원칙적으로 술을 아예 마시지 말 것을 강조하고 있음을 알 수 있다.

그러나 이러한 붓다의 가르침과는 상관없이 우리 나라에서는 음주를 부추기는 사회분위기가 확산하여 가고 있다. 술은 오늘을 살아가는 사람들에게 불가피한 음식이 되어버린 것 같은 느낌도 든다. 그래서인지, 언제부터인가 5계 중의 '술을 마시지 말라'는 불음주계가 '술을 취하도록 마시지 말라'는 내용으로 바뀌어 있는 수계첩도 종종 눈에 띈다. 한 발짝 후퇴하기는 했지만 기발한 착상이다. 그러나 그것은 결코 술을 권장한다든가 찬양하는 것이 아니고 술이 일반화되어 가는 세태 속에서 오늘의 생활인들을 위한 최소한의 배려라고 생각된다. 이것을 악용한다든가 역이용한다면 그것은 더욱 큰 죄악이 될 것이다.

하기야 술에는 부정적인 면만 있는 것이 아니라 긍정적인 측면도 있는 것으로 알려져 있다. 신체적으로 보더라도 적당한 술은 동맥경화와 심장발작, 뇌졸증 등의 위험을 줄이고 식욕증진, 소화능력 향상, 스트레스 해소 등에 도움이 된다고 한다. 술은 사람들과 친근하게 해주는 데 탁월한 효능이 있는 음식으로 친구를 사귀거나 사업상 사람들을 만나는 데 요긴하다고 할 수 있다.

또한 술은 멋과 풍류의 대명사이기도 하다. 그래서 중국의 옛 사람들은 "봄철에는 집 뜰로 나가 마시고, 여름 술은 들로 나가서, 가을 술은 배 위에서, 겨울 술은 집 안에 들어앉아서 마실 것이며 밤술은 달을 벗 삼아 마셔야 한다."고 했고, "꽃의 빛깔과 향기와 화합하려면 낮에 꽃을 바라보며 취해야 하고, 생각을 가다듬어 깨끗이 하려면 밤에 하얀 눈을 보면서 취해야 한다."고도 하였다.(임어당, 『생활의 발견』) 술은 담배 연기가 자욱한 시끄럽고 어둡고 비좁은 공간에서만 마셔야 하는 줄 아는 우리들이 크게 되돌아보아야 할 대목이다.

어쨌거나 사회생활을 해 나감에 있어 술은 피하기 어려운 것이 현실이다. 여러 여건상 술을 마실 수밖에 없다면 가급적 적게 마실 수 있는 적절한 방법을 생각해 보아야 하며, 술 마시는 법도와 예절에 대해서도 알아두는 것이 좋을 것이다.

요즘 직장인들 사이에 일반화되어 가고 있는 술 마실 때의 예절과 법도에 대해 조금 소개해 본다.

첫째, 회사를 악의적으로 비판하거나 다른 사람을 중상모략하지 않는다. 자신을 돋보이려는 말은 결국 자신의 신용을 떨어뜨린다는 것을 알아야 한다.

둘째, 마시는 속도는 가급적 주위 사람과 맞추는 것이 좋으며 받은 잔은 마시는 척이라도 하는 것이 예의이다. 잔을 사양할 때는 건강 등의 설득력 있는 이유를 대는 것이 좋다.

셋째, 너무 경직된 태도를 취한다든지, 바로 옆 사람하고만 대화한다든지 하여 전체적인 분위기를 해치지 않도록 유의한다.

넷째, 상호 간에 의견대립이 민감한 화제는 가급적 피하고 서로 공감하기 쉬운 화제를 선택한다.

다섯째, 다음날 직장엔 꼭 출근하고 전날 술좌석에서 있었던 일은 화제로 삼지 않는다.

'경쟁력 제고'가 화두가 되어 있는 현대사회는 우리들에게 끝없는 스트레스를 강요하고 우리는 그것을 풀기 위해 술을 마신다. 하지만 버트런드 러셀의 말처럼 '술에 취하는 것은 일시적인 자살행위'일 뿐 근본적인 치료책은 되지 못한다. 스트레스는 운동이나 취미생활 등으로 푸는 것이 더욱 효과적이다. 더 근본적으로는 붓다의 가르침에 따라 자신의 마음을 다스리고 인식의 전환을 꾀하여 행동을 바꿔갈 때 스트레스는 저절로 사라질 것이다. '술이 있는 곳에 말썽이 있다'는 것을 알아 술을 가급적 멀리해야 할 것이지만 부득이한 경우에는 주도와 예법에 맞게 마시도록 노력해야 한다. 뱀이 물을 마시면 독이 되고 소가 물을 마시면 우유가 된다고 했다. 우리는 술을 마셔서 독이 되지 않고 약이 될 수 있는 방법과 지혜를 꾸준히 모색해 가야 한다.

끝으로, 미래의 바람직한 음주문화 정착을 위해 적어도 다음의 몇 가지 사항은 불교인들이 주도적으로 실천해 가야 할 것으로 본다.

첫째, 술 마시는 것을 당연시하는 사회적 분위기를 바꿔가야 한다. 고 코미디언 이주일 씨의 "괜찮은 담배는 없습니다. 금연! 노담!"이라는 금연 캠페인이 우리 사회에 상당한 영향력을 끼친 것처럼 불교 대중매체 등을 통해 효과적인 '금주 캠페인'을 지속적으로 확산시켜 가면 좋을 것이다.

둘째, 술잔을 주고받는 수작문화는 결코 바람직한 것이 아니므로 개선해야 한다. 이것은 비위생적일 뿐만 아니라 술 마시는 속도를 빠르게 하여 결국 음주량을 늘게 하며, 자칫 상대방에게 강제적으로 술을 마시게 하는 폐단을 가져올 수도 있다. 신입생환영회에서 못 먹는 술을 강요하여 죽음에 이르게 하는 일은 더 이상 있어서는 안 될 것이다.

셋째, 폭탄주를 마신다거나 하룻밤에 차수를 계속 늘려가는 음주 습관 그리고 해장술을 마시는 습관은 종식되어야 한다. 해장술은 뇌의 중추신경을 마비시켜 숙취의 고통마저 느낄 수 없게 하고 위와 간을 철저히 파괴한다.

넷째, 음주운전은 큰 범죄라는 인식을 확고히 한다.

이렇게 하여 건전한 음주문화가 정착되면 건전한 사회도 앞당겨질 것이다. 불교는 건전한 음주문화에서 한 걸음 더 나아가 궁극적으로 '술로부터의 해방'을 가르치고 있음을 우리는 항상 기억해야 할 것이다.

열반의 노래 해탈의 춤을

한국을 대표하는 불교사상가 원효는 불교에 대한 깊은 이해와 넓은 지식을 체득하고 있었다. 하지만 그는 지식과 이론에 안주하지 않고 중생교화를 위해 삶의 현장으로 뛰어들었다. 필요하면 탈을 쓰고 호리병박을 두드리기도 하였다. 그는 줄기차게 "나무아미타불!"을 염하며 무애가無碍歌를 부르고 춤추며 대중의 고통과 미혹을 씻어주고자 하였다. 원효에게는 침묵이 이미 노래였고 서 있는 것 자체가 춤이었지만, 그것들은 대중교화를 위한 자비로운 방편이었다. 원효의 위대한 생애를 돌아보며 우리는 노래와 춤을 일상 속에 어떻게 수용해 갈 것인지 생각해 보기로 한다.

인간은 자연물처럼 그냥 존재하거나 단지 생존하는 것만으로 만족할 수 없는 동물이다. 인간은 자신의 생각과 느낌을 적극적으로 표현하고 진ㆍ선ㆍ미의 가치를 창조하는 존재이다. 그 표현과 창조의 접합점에 위치하는 것이 바로 예술이다. 예술 가운데서도 인간생활과 가장 친근한 관계에 있는 것은 노래와 춤이라고 할 수 있다. 노래는 소리의 예술이요 춤은 동작(움직임)의 예술이다. 이러한 노래(음악)와 춤(무용)은 인류 역사와 그 기원을 같이하는 것으로 알려져 있다.

음악과 무용은 그 기원에 있어서 모든 인간에게 공통된 본원적이라고 할 수 있는 기초를 갖고 있으며, 동시에 종교적인 의식에 연원을 두고 있다. 원시인들에게, 음악은 사람의 생명이나 성격, 그리고 행복에 영향을 미치는 신비한 힘을 지닌 것으로 생각되었으며, 무용은 종족의 단합과 힘의 표현이자 신앙 숭배, 의사 소통, 질병 치료 등의 수단으로 여겨졌다. 또한 원시시대의 음악과 무용은 이러한 종교적 성격뿐 아니라 축제의 성격까지도 포함했다. 하지만 세월이 흐르면서 종교의식과 축제는 확연히 분리되어 서로 다른 길을 걸어오게 되었고, 그에 따라 음악은 악기와 음계의 사용을 달리했고 무용도 형태를 달리해 왔다. 오늘날 우리에게 일반화되어 있는 것은 축제로서의 성격이 강한, 다시 말해 즐기기 위한 음악과 무용이라고 할 수 있다.(우광혁,『음악의 언어와 무용의 언어』)

『삼국지』 위지 동이전의 기록 등을 굳이 인용하지 않아도 우리 민족은 예부터 신명이 많아 일상생활 속에서 노래와 춤을 즐기고 가까이한 민족이었다. 그러한 전통은 오늘의 노래방 문화로 이어져 오고 있다. 전국 어디에서도 노래방이 없는 곳을 찾아보기 힘들 정도로 노래방 문화는 이제 우리의 삶 속에 깊이 뿌리를 내렸다. 더욱이 노래와 춤은 고부가가치의 문화상품이 아니던가. 자본의 논리가 횡행하고 상업주의가 판을 치는 우리 사회에서 각종 대중매체는 노래와 춤을 최대한 활용할 것이다. 앞으로도 계속 각 방송사의 황금시간대에는 청소년을 겨냥한 화려한 노래와 춤의 쇼 프로그램이 방영될 것이고, 이러한 일련의 사회적 분위기는 계속 확대 재생산될 것이다. 따라서 노래와 춤은 우리의 일상 속에 더욱 깊이 파고들 전망이다.

이러한 상황에서 우리는 노래와 춤을 어떤 시각으로 바라보고, 또 어떤 방식으로 수용해야 할 것인지, 성찰해 보지 않을 수 없다.

그렇다면, 노래와 춤에 대해 불교는 어떤 입장을 취하고 있을까. 우선 계율상의 가르침을 살펴보기로 한다.

먼저 사미십계沙彌十戒 중 일곱 번째의 내용을 살펴보면 다음과 같다.

> 노래하고 춤추거나 악기를 사용하지 말며 가서 구경하지도 말라. 부처님에게 공양하고 중생을 교화하는 음악도 있기는 하지만, 지금 생사를 위해 세속을 버리고 출가한 신분으로 어찌 올바른 공부는 하지 않고 노래 같은 것을 즐길 것인가. 옛날 어떤 신선은 여자들이 아름다운 목소리로 노래하는 것을 듣다가 신통력을 잃어 버렸다 한다. 구경만 해도 그렇거든 몸소 부름에 있어서랴. 장기, 바둑이나 윷놀고 노름하는 일도 해서는 안 된다. 모두 수도하는 마음을 어지럽히고 허물을 조장하는 것이다. 이 사미의 계를 지켜야 한다.

생사일대사를 해결하고 해탈과 열반을 성취하기 위해 출가한 사람에게 노래와 춤은 장애가 되기 때문에 결코 허용될 수 없다는 단호한 입장이 잘 나타나 있다.

팔관재계八關齋戒 중에는 여섯 번째로 "몸에 패물을 달거나 화장하지 말며 노래하고 춤추지 마시오. 아라한은 생각을 방종하게 하지 않습니다. 좋은 의복이나 패물로 호사하거나 연지와 분을 발라 화장하지 않으며, 노래하고 춤추고 악기를 쓰는 일이 없으며, 오락이라면 구경도 하지 않습니다."라는 내용이 설해져 있다.

『범망경』 보살계 48경계輕戒 중 서른세 번째에서도, "나쁜 짓은 보고 듣지도 말라. 방일한 마음으로 남녀의 싸움이나 전쟁이나 도둑들끼리 싸우는 것을 구경하지 말라. 노래하고 춤추는 것을 구경하지 말며, 투전이나 바둑, 장기를 두지 말고, 도둑의 심부름을 하지 말라. 이런 짓을 하면 죄가 된다."는 가르침을 설하고 있다. 이밖에도 초기경전인 『디가 니까야』에 의하면, 제례祭禮와 가무歌舞 등의 모임에 열중하는 것은 재산을 탕진하는 한 원인이 되기 때문에 경계해야 한다고 말하고 있다.

요컨대 불교가 노래와 춤에 대해서 부정적인 이유는 다음 세 가지 때문이다.

첫째, 노래와 춤은 마음을 들뜨게 하는바, 그것은 그 자체로 곧 번뇌가 되기 때문이다.

둘째, 노래와 춤은 마음을 게으르고 방일하게 만드는 경향이 있어 깨달음을 향한 수행과 수도에 방해가 되는 탓이다.

셋째, 노래와 춤에는 중독성이 있어 여기에 빠지게 되면 경제적 손실이 커지기 때문이다.

그러나 경전에는 노래와 춤에 대한 긍정적 시각이 나타나는 경우도 적지 않다.

첫째, 부처님의 탁태, 탄생, 출가, 성도, 열반 등의 생애 및 설법의 시간이 음악으로 장엄되고 있다. 예를 들어 『대반열반경』 하권에서는 "그 역사力士들은 아난의 말을 듣고는 다비를 엄숙하게 행하였다. 먼저 보배로 된 가마를 만들어 장엄하고 아름답게 조각한 다음 여래의 몸을 보배 가마에 안치하고, 향을 피우고 꽃을 뿌리고는 여러 가지 기악伎樂을 만들어 가송歌頌으로 찬탄하였다. 그 음악 속에는 고苦, 공空. 무상無常, 무아無我, 그리고 부정不淨의 법을 설하였다."고 기록하고 있다.

둘째, 부처님이 직접 삼보에 대한 음악 공양의 공덕이 지대함을 설하기도 하였다. 예컨대, 『법원주림』에는 "저 사람들은 음악으로 부처님과 스님께 공양한 공덕으로 모두 미래세 일백 겁 중에 악도惡道에 떨어지지 않고 천상 가운데서도 최고의 즐거움을 누릴 것이다. 일백 겁을 지난 뒤에는 벽지불을 이루어 모두 묘성불妙聲佛이라는 동일한 이름으로 불릴 것이니라."라는 내용이 나온다.

셋째, 부처님과 불탑에 대한 공양 및 불·보살에 대한 찬탄의 중요한 한 방법으로 노래와 춤이 거론되고 있다. 예컨대, 『법화경』「분별공덕품」에는 "이는 곧 불사리佛舍利로 칠보탑을 세우되… 여러 가지 꽃과 기악과 퉁소와 피리, 공후와 갖가지 춤을 추고 묘한 음성으로 노래 불러 찬탄하는 등 한량없는 천만억 겁에 이와 같은 공양을 함과 같으니라."고 설해져 있다.

이러한 내용들은 불교가 노래와 춤 그 자체를 부정하는 것이 아님을 말해 주는 충분한 근거가 된다고 볼 수 있다.

결국 불교에서는 우리의 마음을 흐리게 하고 속되게 하는 염오통속染汚通俗의 노래와 춤은 부정적으로 보지만, 우리의 마음을 청정하고 거룩하게 하는 청정장엄淸淨莊嚴의 노래와 춤은 상당히 긍정적으로 보고 있다고 할 수 있다. 그리하여 범패와 같은 불교음악, 바라춤·나비춤·법고춤 같은 불교무용이 오늘날까지 이어지고 있는 것이다.

그렇다면 오늘 우리 사회의 대중적인 노래와 춤은 염오통속 쪽일까, 청정장엄 쪽일까. 한마디로 잘라 말하기는 쉽지 않겠지만, 대체로 염오통속 쪽이 아닐까 생각된다. 현재 우리 노래와 춤 문화는 전통과 단절된 채 대중소비지향적으로 치닫고 있기 때문이다. 그렇게 된 배경을 간략히 살펴본다.

1948년 대한민국 정부 수립 이후, 미국의 입지는 더욱 강화되고 사회지도층과 부유층을 중심으로 새로운 형태의 사대주의가 확산되어 미국형의 근대화를 비판 없이 수용하면서 우리 사회는 전통과의 단절에 따른 가치관의 큰 혼란을 겪는다. 4·19와 5·16, 그리고 10월 유신과 5·18 등, 격동과 파란으로 점철된 현대 한국정치사를 통해 6·25전쟁은 줄곧 우리에게 큰 짐이었다. 전쟁의 폐허 위에서 우리는 양심과 동기, 절차와 과정에 대해 고민할 여유가 없었다. 우리는 물밀듯이 들어오는 서구문명을 아무 여과 없이 받아들이며 '수단방법을 가리지 않고' '가능한 빠른 시간에' '고도성장'을 이룩해야 했다. 그리하여 이러한 성장제일주의, 속성주의, 업적주의는 물질만능주의와 이기주의를 증폭시키고 우리 문화의 성격까지 규정짓기에 이른다. 또한 도덕성과 정통성이 결여된 집권세력들은 정경유착과 부정부패를 심화시키며 사회의 기강을 뿌리째 흔들어 놓고, 개발과정에서 특혜를 입거나 부동산 투기 등으로 하루아침에 거부가 된 졸부들은 불로소득으로 과소비와 향락에 빠지게 된다. 청소년들 또한 이러한 어른들을 모방하고, 참다운 목표를 잃고 표류하는 교육정책과 입시제도의 틈바구니에서 대중소비문화에 쉽게 젖어든다.

대중매체는 더 많은 소비를 창출하지 않으면 안 되며, 따라서 대중문화는 더욱 소비를 부추기게 된다. 소비지향적인 문화는 필연적으로 물질지향적이며 감각지향적이고 유희흥미 본위로 흐른다.

이러한 시대 흐름 속에서 우리의 전통문화는 주변으로 밀려난 지 오래다. 그것은 일반적으로 음악 하면 서양음악을 가리키고 우리의 전통적인 가락은 국악이라고 지칭하는 해괴한 현상만 보아도 잘 알 수 있다. 현재 우리의 대중음악은 엔카 풍의 트로트 그리고 팝, 포크, 포크록, 하드록, 컨트리, 블루스, 펑크, 재즈, 랩, 힙합, 레게 등 대체로 록풍의 서양음악이 주류를 이루고 있다. 대중적인 춤도 마찬가지다. 트위스트, 맘보, 룸바, 탱고, 삼바, 지르박, 차차차, 블루스, 고고, 디스코, 힙합, 브레이크댄스, 하나같이 서양의 춤사위다. 이러한 가락과 춤사위는 일반적으로 감각적이고 선정적이며, 이들 속에서 우리 전통문화의 정체성은 거의 찾아보기 힘들다. 이러한 문제점들에 대해 우리는, 비록 고통스러울지라도 비판적 성찰과

노래하고 춤추다

함께 창조적 극복을 위한 노력을 게을리하지 말아야 한다.

이를 위해 우선 불교적인 입장에서 몇 가지 제안을 해 보고
자 한다.

첫째, 노래와 춤에 지나치게 열중하는 것은 결코 바람직하
지 못하다는 사실을 유념해야 한다.

둘째, 노래방에 가더라도 신나는 노래만 부르지 말고 차분
한 노래도 부르도록 한다. "극락세계의 음악은 모두가 진리를
나타내는 신묘한 소리로서, 한량 없이 맑고 애절하며, 미묘하
고 아늑하다."(『무량수경』)라든가 "맑으면서도 유약하지 않고
웅장하면서도 사납지 않고… 머무는 듯하면서도 막히지 않아
야 한다. 멀리서 들으면 큰 바다처럼 광대한 곳에 솟아오른 봉
우리처럼 품위 있고, 가까이서 들으면 조용하면서 부드럽고
엄숙하여야 하니, 이것이 범패梵唄의 큰 이치이다."(『법원주
림』)라는 가르침을 기준 삼아 가급적 맑고 밝은 노래, 차분하
고 조용한 노래를 선곡한다. 대중가요만이 아니라 동요, 가곡,
민요 등에도 관심을 갖는다.

셋째, 신라의 혜공과 원효 스님이 노래와 춤으로 대중을 교

화하였듯이, 오늘의 사찰에서도 대중교화를 위해 과감하게 노래와 춤을 도입하고 활용해야 한다. 의식용이 아닌 대중적 찬불가를 개발하고 우리나라의 전통 춤사위라든가 불교의 승무[나비춤, 바라춤 등] 등을 새롭게 안무하여 일반신도들에게 보급해서 절이나 가정에서 익히게 한다.

넷째, 현재 찬송가풍의 찬불가는 국적 있는 우리의 찬불가로 새로 태어나야 한다. 노동은은 대부분의 찬불가가 서양풍과 일본풍으로 되어 있는 점에 크게 놀라면서, '서양음악은 새 것이고 한국음악은 헌 것'이라는 관념에 바탕을 둔 우리의 음악 교육이 근본적으로 바뀌어야 한다고 역설한다.(『노동은의 음악상자』) 아베마리아의 한 소절만 들어도 그것이 기독교음악임을 금방 알 수 있듯이, 찬불가의 한 소절만 들어도 그것이 불교음악임을 금방 알 수 있게 하는 정체성과 예술성, 종교성을 확보한 찬불가를 새롭게 개발하고 보급해야 한다.

원효 스님이 대중교화를 위해 노래와 춤을 방편으로 선택한 것은 여전히 유의미하다. 우리는 이 전통을 더욱 발전적으로 계승해 가야 한다. 궁극적으로 노래는 열반의 노래가 되어야 하고 춤은 해탈의 춤이 되어야 한다.

사귀다

14

현명한 벗과 어리석은 벗

169

사
귀
다

친구 사이의 의리 있고 이해심 깊은 사귐을 우리는 흔히 관
포지교管鮑之交라 한다. 관중管仲이 포숙아鮑叔牙에 대한 감사
의 마음을 표한 다음의 술회는 언제 들어도 가슴 뭉클하다.

🎀 일찍이 내가 포숙과 함께 장사를 하였을 때 나는 늘
이익금을 더 많이 차지하였지만, 포숙은 나를 욕심쟁
이라 하지 않았다. 내가 가난한 것을 잘 알았기 때문이
다. 또 나는 어떤 일을 계획하다가 실패하여 그를 더욱

곤궁에 빠뜨렸지만 그는 나를 어리석다고 하지 않았다. 일에는 성패成敗가 있다는 것을 알고 있었기 때문이다. 또 나는 벼슬길에 나갔다가 세 번이나 쫓겨났지만 포숙은 나를 부덕하다고 하지 않았다. 내가 때를 만나지 못했을 뿐이라고 생각했기 때문이다. 뿐만 아니라 나는 세 번 전쟁터에 나아갔다 번번이 도망쳤으나 포숙은 한 번도 나를 비겁하다고 비난하지 않았다. 나에게 노모老母가 있다는 것을 알고 끝까지 나를 이해해 주었기 때문이다. … 나를 낳아 준 분은 부모이지만, 나를 알고 이해해 준 사람은 포숙이다.

-『사기열전』-

임어당은 다음과 같이 '마음의 벗'의 중요성을 강조하고 있는데, 이것은 마치 관포지교에 대한 정의 또는 주석처럼 들린다.

마음의 벗이라는 것은 수백 리를 서로 떨어져 있어도 절대로 자기를 믿어주며, 자기에 대해 나쁘게 평하는 말을 믿지 않는 사람들, 또 그러한 소문을 들었을 때도 모든 수단을 다하여 그것을 변명하고 부인해 주는 사람들, 무슨 일이 생겼을 때 이렇게 하라, 이렇게 하면 안 된다고 충고해 주는 사람들, 위기에 처했을 때는 도와주고, 때로는 이쪽이 모르는 동안에 자기의 생각대로 빚을 정리해 주거나, 하는 일에 따라서는 지나친 간섭이라고 할 만한 일이라도 도무지 아랑곳하지 않고 단안을 내려줄 만한 사람들을 가리켜서 하는 말이다.

-『생활의 발견』11 -

세상을 살아가는데 서로 마음이 통하고 잘 아는 지기知己 또는 마음의 벗이 있다는 것은 정말 큰 행복이다. 그런 점에서 관중과 포숙은 참으로 행복한 사람들이었다. 유안진은 그의 한 수필에서 친구로 말미암은 소박하고도 정감 넘치는 행복을 다음과 같이 꿈꾼다.

저녁을 먹고 나면 허물없이 찾아가 차 한 잔을 마시고 싶다고 말할 수 있는 친구가 있었으면 좋겠다. 입은 옷을 갈아입지 않고 김치 냄새가 좀 나더라도 흉보지 않을 친구가 우리집 가까이에 있었으면 좋겠다.

비 오는 오후나 눈 내리는 밤에 고무신을 끌고 찾아
가도 좋을 친구, 밤늦도록 공허한 마음도 마음 놓고 보
일 수 있고, 악의 없이 남의 얘기를 주고받고 나서도
말이 날까 걱정되지 않는 친구가···. 사람이 자기 아내
나 남편, 제 형제나 제 자식하고만 사랑을 나눈다면 어
찌 행복해질 수 있으랴. 영원이 없을수록 영원을 꿈꾸
도록 서로 돕는 진실한 친구가 필요하리라.

그가 여성이어도 좋고 남성이어도 좋다. 나보다 나
이가 많아도 좋고 동갑이거나 적어도 좋다. 다만 그의
인품이 맑은 강물처럼 조용하고 은근하며 깊고 신선
하며 예술과 인생을 소중히 여길 만큼 성숙한 사람이
면 된다.

—『지란지교를 꿈꾸며』—

도도한 사회변화와 함께 인간관계를 규정짓는 가장 큰 변수
가 이해득실利害得失이 된 지 오래고, 그런 만큼 세상은 각박
하고 인간관계는 건조해졌다. 친구 관계 역시 더 소원해져 가
고 그 소중함도 점점 빛이 바래가는 추세다.

그러나 친구는 우리들의 충실하고 행복한 삶을 위한 필요조

건이다. 우리 인생에서 부모형제 못지않게 소중한 존재가 친구다. 계산적이고 형식적인 친구가 아니라, 나의 흉금을 다 털어놓을 수 있고 모든 사람이 나에게 등을 돌리고 비난하며 떠나가더라도 내 곁에 혼자 남아 어깨를 두드려 줄 수 있는, 또하나의 나라고 할 만한 그런 진정한 친구 말이다.

또한 친구는 우리의 인간 형성에 알게 모르게 엄청난 영향을 미친다. 그래서 친구를 보면 그 사람을 안다는 말도 나오게 되었을 것이다. 일찍이 부처님은 "향을 싼 종이에서는 향내가 나고, 생선을 묶은 새끼줄에서는 비린내가 난다."라고 하면서 항상 나쁜 친구는 멀리하고 좋은 친구와 가까이 할 것을 역설하였다. 무릇 인간은 본래 청정하지만 다 인연 때문에 죄악과 복덕을 일으키는 것이어서, 현명한 벗을 가까이하면 도의道義가 융성해지고 어리석은 자를 벗하면 재앙이 따른다는 것이다.

붓다의 가르침에 따르면 친구에는 네 부류가 있다. 꽃과 같은 친구, 저울과 같은 친구, 산과 같은 친구, 땅과 같은 친구가 그 넷이다. 꽃과 같은 친구란, 꽃이 예쁠 때는 머리에 꽂고 시들면 버리는 것처럼 부귀한 것을 보면 붙고 빈천해지면 떠나는 친구를 일컫는다. 저울과 같은 친구란 물건이 무거우면 내려가고 가벼우면 올라가는 저울처럼 권세가 무거우면 비굴하게 굴

고 가벼우면 업신여기는 친구를 말하며, 산과 같은 친구란 새
나 짐승이 금산金山에 모이면 그 털과 깃까지도 금빛이 되는
것과 같이 자기가 귀하므로 능히 친구를 영화롭게 만들어서 부
귀를 함께 누리게 하는 친구다. 그리고 땅과 같은 친구란 온갖
곡식과 재물을 친구에게 나누어주어 부양하고 보호하여 은혜
가 두터운 친구를 뜻한다.

여기에서 꽃과 같은 친구와 저울과 같은 친구는 나쁜 친구
요, 산과 같은 친구와 땅과 같은 친구는 좋은 친구임은 두말할
필요가 없다. 그렇다면 불교에서는 좋은 친구와 나쁜 친구를
어떻게 구분하여 설하고 있는지, 좀 더 구체적으로 살펴보기
로 한다.

불교 경전은 겉으로는 친구처럼 보이지만 실제로는 친구라
고 할 수 없는 네 부류의 나쁜 친구를 다음과 같이 설한다.

첫째, 욕심이 많은 친구다.

　① 자신은 주고자 하지 않으면서 상대방이 주기를 바라는 자.

　② 자신은 적게 주면서 상대방에게 더 많은 것을 바라는 자.

　③ 자신이 어려울 때는 상대방의 도움을 얻기 위해 상대방

　　　일을 도와주지만, 자신에게 별일이 없을 때는 아무것도

돕지 않는 자.

④ 진실한 우정 없이 자기 이익만을 위해 사귀는 자.

둘째, 말이 앞서는 친구다.

① "어제 왔더라면 먹을 것이 많았는데…"라는 식으로 과거의

일로 인사하는 자.

② "다음에 꼭 대접하겠네."라는 식으로 미래의 일로

인사하는 자.

③ 속으로는 원하지 않으면서 입으로만 말하는 자.

④ 도울 수 있으면서도 핑계를 대며 피하는 자.

셋째, 달콤하게 비위만 맞추는 친구다.

① 친구가 나쁜 행동을 하는 데도 동의하는 자.

② 친구가 좋은 일을 하는 데 동의하지만 실제로는 아첨하는 자.

③ 면전에서만 친구를 칭찬하는 자.

④ 등 뒤에서 친구를 욕하는 자.

넷째, 재산을 잃게 만드는 친구다.

① 술 마실 때에 벗이 되는 자.

② 때 아닌 시간에 거리를 배회하는 자.

③ 놀러 다닐 때 벗이 되는 자.

④ 도박할 때 벗이 되는 자.

다음으로 좋은 벗에 대해서 불교 경전에서는 다음 네 부류의 벗을 말한다.

첫째, 도와주는 친구.

둘째, 괴로울 때나 즐거울 때나 한결같은 친구.

셋째, 좋은 일을 가르쳐 주는 친구.

넷째, 마음이 자비로운 친구.

이 외에도 경전은 병든 친구를 잘 돌봐주며, 친구가 죽었을 때는 장례를 치러주고, 친구가 죽은 후에는 친구의 가족을 돌봐주며, 궁극적으로는 참다운 진리의 길로 이끌어주는 친구가 참다운 친구임을 깨우쳐 준다.

부처님은 결국 항상 좋은 벗과 사귀어야 하고, 다른 한편으로는 우리 스스로가 좋은 벗이 되도록 노력해야 한다는 것을 가르치고 있다 할 것이다. 붓다의 가르침을 이 시대에 그대로 실천한다는 것은 쉽지 않겠지만, 우리의 일상생활 속에서 실천 가능한 좋은 친구가 되기 위한 몇 가지 사항을 제시해 보고자 한다.

첫째, 친구 관계의 기본은 신의信義다. 신의를 지키기 위해서는 무엇보다도 내가 먼저 친구를 이해하고 조금이라도 더 친구에게 베풀겠다는 마음자세가 필요하다. 친구에게 덕을 보겠다는 생각은 말아야 한다. 현실적 이익은, 순수하고 진실한 우정의 자연스런 결실은 될 수 있을지언정 우정의 근본 목적은 아닐 것이기 때문이다.

둘째, 친구 간에는 가급적 금전거래는 피해야 한다. 돈을 빌려줄 때는 되돌려 받겠다는 생각보다는 그냥 도와준다는 마음으로 주어야 한다. 다만 자신의 형편에 비추어 과다한 액수는 신중을 기해야 한다.

셋째, 친구끼리는 자주 연락을 하는 것이 좋다. 어느 시인의 말처럼 '살아서 이별과 죽어서 이별의 차이'를 명확하게 하기 위해서라도 가끔 전화도 하고 편지도 해야 한다. 나아가 친구집을 종종 상호 방문한다든가 밖에서라도 가족 단위로 만나는 것이 좋다. 가족 간의 유대는 우정을 더욱 돈독하게 만들 것이기 때문이다. 요즈음은 전반적인 사회 분위기가 남의 집을 방문하는 것이 결례인 것처럼 변화해 가고 있는데, 안타까운 현실인 것 같다. 친구를 더 깊이 이해하고, 경전의 가르침처럼, '친구가 죽은 후에 친구의 가족들을 돌봐주기' 위해서라도 평소 친구 가족들과의 친분과 교류는 필요할 것이다.

넷째, 친구의 말과 의견을 무조건 따르기만 할 것이 아니라 필요할 때는 따끔한 충고를 아끼지 말아야 한다. 그러나 충고는 때를 가려서, 진심으로, 부드럽게, 화난 마음이 아닌 인자한 마음으로, 무의미한 일은 내버려두고 의미 있는 일에 대해서만 해야 한다는 것도 유념해야 할 일이다.

다섯째, 군자의 사귐은 물처럼 담담하고 소인의 사귐은 꿀처럼 달콤하다고 했다.(『장자』) 군자는 담담하게 사귀기 때문에 오히려 친숙함이 변하지 않고 소인은 달콤하게 사귀기 때문에 쉽게 변한다. 달콤한 사귐이란 『장아함경』에서 말하는 네 가지, 즉 술 마실 때, 노름할 때, 노래하고 춤출 때, 방탕한 짓을 할 때 벗이 되는 일이라고 해석해도 무방하다고 본다. 자극적이고 재미있는 사귐만을 추구하는 것은 금물임을 명심해야 한다.

여섯째, 뜻을 같이할 수 있는 친구가 되도록 노력해야 한다. 불교에서는 진리의 길, 열반의 길을 함께 가는 친구를 법우·도반·선지식이라고 한다. 그렇다면 "우리 남편의 위대함은 재산을 바쳐 가난한 동족을 먹인 일에 있는 것이 아닙니다. 하늘이 우리 부부에게 내려주신 성생활의 쾌락을 그분은 조국과 민족을 위해 기도로 바치고자 나에게 금욕을 말씀하신 후, 오늘까지 한번도 어기지 않고 그것을 지켜 오신 일입니다. 그것이 남자 간디의 위대함이었습니다."라고 말한 간디의 부인과 간디는 뜻을 같이한 진정한 도반이 아니었을까.

끝으로, 우정이 퇴색해 가는 이 인간 상실의 시대에도 우리를 숙연하게 하는 일화가 있어 소개하고자 한다. 몇 사람의 친한 친구들이 있었다. 한 친구가 어려운 일이 있어 다른 친구들에게 돈을 빌렸는데 사정이 여의치 않아 갚지 못했다. 그러던 중 한 친구의 빚은 갚을 수 있을 만큼 형편이 풀려, 가장 어렵다고 생각되는 친구를 먼저 찾아갔다. 그러나 그 친구는 돈을 물리치면서 "나는 아직 괜찮네. 다른 친구들 빚을 다 갚은 후에 여유가 되면 마지막으로 나에게 갚아도 되네."라고 말했다.

사회가 아무리 각박하다고 하지만 '마지막으로 나에게 갚아도 되네.'라고 말할 수 있는 친구가 있는 한 세상은 아직 살만한 곳이 아닐까. '친구란 내 슬픔을 등에 지고 가는 자'라는 인디언 속담을 다시 한 번 떠올려보게 된다.

『중아함』「공경경」에 따르면, 열반의 성취는 공경으로부터 비롯된다. 인간 관계의 바탕에 공경의 초석을 놓을 일이다.

삶과 죽음이 함께 있으니

우리는 대체로 살아가는 일에 대부분의 시간을 할애하지 죽는 일에 대해서는 별로 신경을 쓰지 않는다. 그러다 문득 죽음이 찾아오면 참으로 당혹스러워 한다. 영국의 극작가 버나드 쇼의 '우물쭈물하다가 내 이럴 줄 알았다.'는 묘비명도 이런 데서 연유했으리라. 일찍이 『한산시』의 다음 시 한 수를 읽으면서 미래의 나 자신을 보는 것 같아 크게 반성한 적이 있다.

내 보니 세상에 지혜 많다는 사람

온종일 머리 짜며 마음을 괴롭히네.

갈림길에 다다라 많은 말로 지껄여

이리저리로 뭇사람 속이나니,

다만 지옥 들어갈 재료를 장만할 뿐

바르고 곧은 인因은 닦지 않는구나.

하루아침에 죽음에 닥쳐서야

비로소 어지러이 허둥대는 꼴을 보라.

— 『寒山詩』, 세계사 —

　불교에서는 우리의 인생과 삶을 흔히 '생사生死'라고 부른다. 생사라는 말은 태어나서 죽을 때까지의 기간을 의미하고 있지만, 동시에 이것은 인생에서 태어남과 죽음이 가장 중요하다는 의미도 내포한다. 그래서 불교에서는 생사일대사生死一大事라는 표현을 즐겨 쓴다.

　우리가 살아가면서, 사랑을 하고 돈을 벌고 명예와 권력을 얻는 것도 중요한 일일 것이다. 하지만 이런 일들은 '살고 죽는' 일에 비하면 그렇게 중요한 일이 아니다. 살고 죽는 일은 우리에게 가장 근본적이고 궁극적인 중대사이기 때문이다. 하

지만 치열한 생존경쟁의 소용돌이에 휩쓸려가고 있는 현대인
들은 생사일대사에 좀처럼 눈길을 주지 않는다. 그리하여 우리
는 '누구나 시한부 인생'이라는 진실을 곱씹어 보려 하지 않고,
'죽음은 이미 우리의 삶 속에 침투해 있다.'는 실존주의 철학자
의 경고에도 귀 기울이려 하지 않는다.

불교의 한 경전은 다음과 같은 비유를 통해 우리의 '실존적
한계상황'을 충격적으로 깨우쳐 준다.

아주 먼 옛날, 어떤 사람이 광야를 거닐고 있었는데
갑자기 사나운 코끼리가 나타나 그를 쫓았다. 그는 혼
신의 힘을 다해 도망치다가 마른 우물 속에 간신히 몸
을 피했다. 우물 곁 큰 등나무 뿌리를 타고 밑으로 내
려가는 데 바닥을 보니 독룡이 입을 벌리고 있지 않은
가. 깜짝 놀라 가느다란 나무뿌리에 매달려 우물벽 주
위를 살펴보니 사방에서 네 마리의 독사가 혀를 날름
대며 노려보고 있었다. 하얗게 질린 그가 위를 쳐다보
니 자기가 매달려 있는 나무뿌리를 흰 쥐와 검은 쥐가
번갈아 가면서 갉아먹고 있고, 먹이를 놓친 코끼리는
더욱 거칠게 성을 내고 있었다. 들판을 휩쓸어 오던 맹

렬한 들불은 등나무를 태우고, 나무가 흔들릴 때마다 벌들이 흩어져 내려와 그의 온몸을 쏘아댔다. 그런데 그때 나무에서 뭔가 떨어져 그의 입 속으로 흘러들었다. 맛을 보니 달콤한 꿀이었다. 그는 이제 자신이 처한 극한 상황도 잊어버린 채, 다섯 방울씩 떨어져 내리는 꿀을 받아먹는 데 정신을 팔고 있었다.

이 이야기는 부처님이 승광왕에게 설한 비유로서, 생사의 위험과 고통을 망각한 채 오욕락五慾樂을 좇는 미혹한 중생의 삶을 극명하게 드러내 보여주고 있다. 여기에서 어떤 사람은 어리석은 중생을, 광야는 생사윤회의 무명無明의 긴 밤을, 코끼리는 무상無常을, 우물은 생사를, 나무뿌리는 수명 또는 명줄을, 독룡은 죽음을 비유한 것이다. 그리고 네 마리의 독사는 우리 몸을 구성하고 있는 땅, 물, 불, 바람[四大]을, 흰 쥐와 검은 쥐는 낮과 밤(세월)을, 들불은 늙음과 병듦을, 벌은 그릇된 생각을, 다섯 방울의 꿀은 오욕락을 각각 의미한다고 부처님은 설명하신다.

『열반경』에 의하면, 죽음이란 험난한 길에 노자가 없는 것 같고, 갈 길은 먼 데 길동무가 없고, 밤낮으로 가도 끝을 알 수 없는 길과 같다. 또한 어두운 길에 등불이 없고 들어갈 문은 없는 데 집만 있는 것과 같다. 그러므로 중국 당나라 때 황벽 스님도 우리가 무명의 어둠을 철저히 깨뜨리지 못하면 죽을 때에 정신을 못 차릴 것이라고 하면서 '목마르기 전에 샘을 파라'고 경책한다.

 평상시에 힘을 얻어 놓아야 급할 때 다소 힘을 덜 수 있는데, 목마르기를 기다려 샘을 파는 어리석은 짓을 하지 말라. 죽음이 박두하면 이미 손발을 쓸 수가 없으니, 앞길이 망망하여 어지러이 갈팡질팡할 뿐이다. 평시에 구두선口頭禪만 익혀 선을 말하고 도를 말하며, 부처를 꾸짖고 조사를 욕해 제법 다해 마친 듯하다가 여기에 이르러서는 아무 쓸모가 없게 된다. 평상시에 남들은 속여 왔지만 이때를 당해 어찌 자기마저 속일 수 있으랴. 권하노니, 육신이 건강할 동안에 이 일을 분명히 판단해 두라. 이 일은 풀기가 그리 어려운 것도 아닌데, 힘써 정진하려고는 하지 않고 어렵다고만 하니, 진정한 대장부라면 어찌 그럴 수 있겠는가.

어느 여류 시인은 외출할 때에 꼭 속옷을 갈아입는다고 한다. 어느 스님은 외출하기 전에 메모지 같은 것도 다 불태워 버린다고 한다. 늘 죽음을 대비하는 깨어있는 마음에서 나온 행동이리라. 그렇다. 『사십이장경』의 말씀을 빌 것도 없이, 사람의 목숨은 '며칠 사이'에 있는 것도 아니고, '밥 먹는 사이'에 있는 것도 아니다. '호흡하는 사이'에 있는 것이다. 숨을 내쉬고 들이쉬지 못하면 그것이 바로 죽음이다. 그러니 우리는 늘 바로 지금 깨어 있어야 하고, 바로 지금 맑고 향기로와야 하고, 바로 지금 자유로와야 하며, 바로 지금 여기에서 행복해야 한다. "지금 여기서 정복할 수 없는 시간은 영원히 정복할 수 없다. 지금 이 순간에 즐길 수 없는 인생은 영원히 즐길 기회가 없다. 지금 현명한 생활을 보낼 수 없다면, 영원히 현명한 생활을 기대할 수 없다. 과거는 이미 존재하지 않으며, 미래는 누구도 알 수 없는 일이니까."라고 한 데이빗 그레인의 이야기도 같은 맥락에서 이해될 수 있을 것이다. 초기경전에 나오는 '일야현자一夜賢者'의 게송은 더욱 구체적이다.

과거를 좇지 마라. 아직 오지 않은 미래를 생각지 마라. 과거, 그것은 이미 지나가 버린 것. 미래, 그것은 아직 이르지 않은 것. 그러므로 오직 현재를 잘 관찰하라. 흔들리지 말고 움직이지 말고 그것을 추구하고 그것을 실천하라. 그 누가 내일 죽음이 있음을 알랴. 참으로 저 죽음의 대군大軍과 마주치지 않을 수는 없도다. 능히 이렇게 추구한 자는 마음을 다하여 밤낮없이 게으르지 않고 실천하느니. 이러한 자를 일야현자一夜賢者라 하고 또한 마음 고요한 자라 하느니.

불교에서 현재에 충실하라고 가르치는 것은 죽음을 두려워하거나 죽음을 회피하기 위해서가 아니다. 오히려 죽음을 극복하기 위해서다. 마하트마 간디의 말처럼, 죽음은 우리의 진실한 친구일지도 모른다. 그럼에도 우리가 죽음을 공포와 슬픔의 대상으로 여기는 것은 우리의 무지 때문이리라. 이미 불생불멸不生不滅의 경지에 이른 깨달은 사람에게 더 이상 죽음의 그림자는 드리워질 수 없을 것이다. 그래서 『열반경』「성행품」에서 부처님은 가섭에게, "억센 폭우가 쏟아지면 약초와 나무와 숲이 다 꺾이고 말지만 금강석만은 깨뜨려지지 않는다. 마찬가지로 죽음의 폭풍우도 모든 중생을 다 쓸어가지만 대승 열반의 경지에 있는 보살만은 해치지 못한다. 저 금시조가 모든 용을 잡아먹지만 삼보에 귀의한 용은 먹지 못하는 것처럼, 죽음이라는 금시조도 무수한 중생을 잡아가지만 공空, 무상無相, 무원無願의 선정禪定에 든 보살은 잡아갈 수 없다."라고 설하시는 것이다.

우리는 이처럼 죽음에 대비해야 하지만, 주검에 대해서도 대비해야 한다. 불교에서는 화장을 가장 바람직한 장례법으로 보며 화장에 적지 않은 의미를 부여하는바, 불교인들은 가능한 한 가족들과 미리 상의하여 화장을 하도록 준비해야 할 것이다.

고려시대 말엽에서 조선조 초엽에 활약했던 함허당 기화 스님의 「현정론顯正論」에는 화장을 비판하는 유가儒家의 입장과 화장을 옹호하는 함허당의 주장이 함께 기록되어 있어 흥미를 끈다.

「현정론」에 의하면, 당시 유생들 사이에 "상사喪事는 인간사의 대사大事로서 부모가 죽으면 장지葬地를 잘 골라 후하게 장례를 치러야 하는 것이다. 이것은 뿌리 깊은 나무에 열매가 많이 열리듯 자손으로 하여금 번성케 하기 위함인데, 불교도들은 이러한 이치를 모르고 망령되이 화장법을 행하여 후사後嗣

를 끊게 하고 있으니 어찌 큰 잘못을 저지르고 있는 것이 아니 겠는가."라는 비난이 있었다.

이러한 비난에 대해 함허당은 "사람의 육체는 집과 같고 정신은 그 집의 주인과 같아서 집이 무너지면 주인이 머물 수 없듯이 몸이 무너지면 정신이 떠나는 것인데, 사람들은 나무와 흙으로 지어지고 온갖 더러운 것으로 꾸민 집에 대해 애착을 갖기 때문에 그 집의 더러움을 알지 못하고, 그리하여 집이 무너지더라도 홀연히 떠나지 못한다."라고 불교적인 입장에서 자신의 견해를 밝히고 있다. 화장으로 죽은 후에나마 이러한 미혹에서 벗어나게 해 주어야 할 텐데 매장함으로써 망령된 생각을 그대로 보존케 하는 것은 옳지 않다고 반박한다. 또한 화장하는 것은 사람들로 하여금 더러움을 버리고 깨끗한 데로 나아가게 하고 정신을 맑게 하여 승천昇天케 하며, 극락왕생을 돕는 도道로서 훌륭한 것이라고 역설한다.

생각컨대, 매장하는 것은 효도이고 화장하는 것은 불효라는 생각은 어디까지나 하나의 관념에 지나지 않는 것이며 사실과는 거리가 멀다. 매장한다고 해서 그 시신이 썩지 않고 영원히 보존되는 것이 아니고 얼마 안 가서 썩게 되는 것은 정한 이치인데, 부모의 시신이 썩어가는 과정을 상상해 보라. 시신을 살아생전의 부모와 동일시하는 것이 효도라 한다면 이러한 불효가 또 어디에 있겠는가. 그렇다고 하여 화장하는 것만이 효도라는 말은 아니다. 화장이나 매장이나 수장이나 임장은 어디까지나 장례의 한 방법에 불과한 것으로서 그 방법만을 가지고 어느 것이 옳고 어느 것이 그르다고 말할 수는 없는 것이다. 장례방법은 그때그때의 상황에 가장 적합한 것을 택하면 그만인 것이고, 중요한 것은 오히려 시신에 대한 마음가짐이라고 할 수 있다.

앞에서 소개한 함허당의 말 속에도 불교에서 화장을 하는 이유와 시신에 대한 불교적 마음가짐의 일단이 표현되어 있지만, 『석문의범』의 다음과 같은 내용들을 통해 불교에 있어서 화장의 의미가 무엇인지 더욱 깊이 이해할 수 있을 것이다.

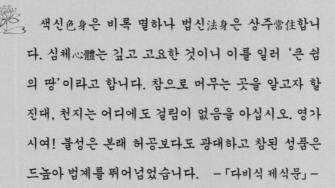

색신色身은 비록 멸하나 법신法身은 상주常住합니다. 심체心體는 깊고 고요한 것이니 이를 일러 '큰 쉼의 땅'이라고 합니다. 참으로 머무는 곳을 알고자 할진대, 천지는 어디에도 걸림이 없음을 아십시오. 영가시여! 불성은 본래 허공보다도 광대하고 참된 성품은 드높아 법계를 뛰어넘었습니다. ―「다비식 제식문」―

주검을 처분하는 화장에 이와 같은 의미를 부여하고 있음은 실로 놀라운 일이 아닐 수 없다. 죽음의 본능적 슬픔과 두려움이야 누군들 느끼지 않겠는가. 그러나 그 슬픔과 두려움은 진리의 빛에 의해 이렇게 승화되고 평정되는 것이다. 인간은 본래 자연의 산물이면서 동시에 자연을 초월할 수 있는 깨달음의 능력을 지니고 있는 것처럼, 인간은 자연적인 죽음을 피할 수는 없지만 자연적인 죽음으로 말미암은 불안과 고통을 극복할 수는 있다. 그것은 모든 사물과 존재의 있는 그대로의 참모습을 바르게 깨달음으로써 가능하다.

불교에서는 근본적으로 삶과 죽음을 서로 대립하는 것으로 보지 않는다. '생사일여生死一如'가 불교의 기본 입장이다. 그런데도 중생들의 미혹은 생과 사, 생사와 열반을 서로 다르게 보는 것이다. 따라서 화장은 모든 미혹의 근저에 있는 무명의 티끌을 불사른다는 상징적 의미를 지닌다. 그러므로 다비식은 산 자와 죽은 자 모두에게 단순한 장례식이 아닌, 무언의 법을 설하는 법석法席이기도 한 것이다.

티베트의 속담처럼, 내일이 먼저 올지 내생이 먼저 올지는 누구도 모른다. 하루하루 순간순간, 깨어 있는 마음으로 생사해탈을 향해 정진해야 한다.

기리다

16

합리적인 불교의 제사법

낳-실 제 괴로움 다 잊으시고
기르실 제 밤낮으로 애쓰는 마음
진자리 마른자리 갈아 뉘시며
손발이 다 닳도록 고생하시네
하늘 아래 그 무엇이 넓다 하리오
어머님의 희생은 가이 없어라!

어려선 안고 업고 얼러주시고

자라선 문 기대어 기다리는 맘
앓을사 그릇될사 자식 생각에
고우시던 이마 위에 주름이 가득
땅 위에 그 무엇이 높다 하리오
어머님의 정성은 그지 없어라!

-「어머니의 마음」중에서 -

「어머니의 마음」은 언제 들어도 우리의 마음에 잔잔한 물결을 일으킨다. 이 노랫말은 양주동 선생이 지은 것으로 대부분 『부모은중경』의 내용에 바탕을 두고 있다. 불교는 '효'를 소홀히 하는 종교라고 비난하는 사람들이 있지만, 그것은 출가 出家의 겉모습만을 보고 내린 섣부른 판단이다. 쌀밥과 고깃국으로 부모님을 봉양하는 것만이 효도는 아니다. 불교는 부모님을 생사生死의 고통에서 구하는 것이 궁극적인 효라고 가르친다. 따라서 출가는 부모님을 버리는 것이 아니라 부모님을 궁극적으로 행복하게 하기 위한 첫걸음이다. 석가모니 부처님은 성도成道 후, 부모님과 아내와 아들, 그리고 석가족 사람들을 다시 찾는다. 그리고 그들에게 모든 고통에서 벗어나는 길에 대해 진지하게 설법한다. 석가모니 부처님은 아버지 정반

왕의 장례에도 참석하여, 손수 운구를 하려고까지 한다. 주위 사람들의 만류로 직접 운구는 하지 않았지만, 이것은 아버지에 대한 부처님의 애틋한 효와 사랑을 보여주는 좋은 일화라고 생각된다.

효의 관념은 동서고금을 막론하고 인류사회에 언제 어디에서나 있어왔지만, 특히 동아시아 유교문화권에서는 인간 윤리의 핵심적인 덕목으로 자리매김해 왔다. 유교적 윤리는 살아 계신 부모님만이 아니라 돌아가신 부모님과 조상에게도 지극한 예를 갖출 것을 요구한다. 그리하여 동아시아에서는 조상에게 제사를 지내는 제례문화가 생활 속에 뿌리를 깊이 내리고 있다.

하지만 서구 문명의 유입과 함께 산업화와 도시화가 진행되는 동안 대가족제도가 무너지고 핵가족화가 가속화하면서 효의 관념은 점점 약화된다. 특히 돌아가신 조상에 대한 제례는 더욱 간소화하고 있고, 기독교문화의 영향과 더불어 생략되는 경우도 늘어가고 있다. 뿐만 아니라 다양한 사회변화와 인구정책으로 인해 여성이 제주가 되어 제사를 모시는 경우도 있고, 형제끼리 번갈아가면서 차례를 지내는 경우도 있다. 최근에는 인터넷이 일반화되면서 인터넷 제사까지 등장하고 있는 실정이다. 또한 현대인의 생활 패턴이 변하고 주말여행, 바캉

스, 해외여행 등이 늘면서 콘도라든가 호텔 등에서 차례를 지내는 사람들도 생겨나고 있다. 가끔 텔레비전 등에서도 보도되고 있듯이, 요즈음은 맞춤 제수의 수요가 늘면서 그 업체도 늘어나고 있고, 그에 따른 문제점도 발생하고 있다. 하루가 다르게 세상이 변화하고 있고 청소년들의 가치관과 의식도 빠르게 바뀌어 가고 있다. 인간 교육이 핵심이 되어야 할 교육은 오직 입시만을 위한 입시교육으로 전락한 지 이미 오래다. 이러한 추세라면 제사문화는 얼마 안 있어 우리 사회에서 사라져 버릴지도 모를 일이다.

『예기禮記』에 따르면, 제사는 돌아가신 부모를 추모하며 효를 계속하기 위해 행하는 것으로, 제사를 통해 옛날 일과 선조의 일을 돌이켜 봄으로써 자신들이 존재하게 된 근원을 잊지 않게 하기 위한 것이다. 현대인은 치열한 경쟁에서 살아남기 위해, 그리고 속도 지향의 생활문화에 뒤처지지 않기 위해 너나없이 바쁘다. 이러한 속도와 바쁨 속에서는 자신의 근원과 근본을 돌아보기가 여간 어렵지 않다. 자신의 근본을 돌아보는 것은 자신의 의무를 다하기 위해 필요한 것이지만 동시에 그것은 자신의 참된 행복을 위해서도 필요한 것이다. 현대인은 지나치게 이기적이고 개인주의적으로 되어 버렸다. 현대문명을 지탱하고 있는 기계의 메커니즘을 유지시키기 위해서는 '핫'한 집단보다 '쿨'한 개인이 필요할지도 모른다. 하지만 그 개인은 기계가 아니고 인간이기에 기계에 매달린 인간은 슬프고 불행할 수밖에 없다. 불교의 연기법을 운위할 필요도 없이 인간의 삶은 관계를 조건으로 한다. 인간과의 관계든 자연과의 관계든, 이 관계가 따뜻하고 원만해질 때 인간은 비로소 즐겁고 행복해질 수가 있다. 그런데 인간의 기본적인 관계는 바로 부모와 자식의 관계라고 할 수 있다. 이 관계가 복원되지 않는 한 현대인은 행복해질 수가 없다. 효는 의무가 아니다. 어리석은 사람들은 효가 실은 자기 자신을 위해 필요한 것임을 알지 못한다. 부모님이 계시다는 것, 부모님과 함께 한다는 것, 그것은 우리를 언제나 안정되게 하고 편안하게 한다. 부모님과 함께 고향집 따뜻한 온돌방에서 밤을 지새워 본 사람은 알 것이다. '혼자가 아니라는 것'이 나를 얼마나 편안하고 따뜻하게 하는 지를. 그러기 때문에 제사를 모실 때는 모시는 동안만이라도 조상님과 부모님이 바로 앞에 계신다고 생각하며 정성을 다해야 한다. 이렇게 조상님과의 종적·시간적 유대를 강화함으로써 자신의 뿌리를 되돌아보는 것은 소외감에서 벗어나는 좋은 시간이 될 것이다. 뿐만 아니라, 생활에 쫓기며 자주 만나지 못하는 형제자매 및 일가친척들과 만남으로써 횡적·공간적 유대를 확인하며 우애를 다져 따뜻한 활력과 자신감으로 새로운 생활에 임하게 될 것이다. 특히 제사는 자손들에게도 적지 않은 교육효과가 기대되므로 어린이들도 반드시 제사에 참석하도록 하면 좋을 것이다.

조상님과 부모님이 돌아가신 날에 지내는 제사가 기제사이다. 기제사의 대상은 시대와 가정 형편에 따라 조금씩 달랐던 것 같다. 고려 때는 3품 이상은 증조부까지 3대, 6품 이상은 조부모까지 2대, 7품관 이하 서민들은 부모까지만 제사를 지내도록 하였다. 조선 시대 『경국대전』에 의하면 3품관 이상은 고조부까지 4대 봉사, 6품관 이상은 증조부까지 3대 봉사, 7품관 이하 선비들은 조부모까지 2대 봉사를 하고, 일반 서민들은 부모만 제사 지내도 되었다. 그 후 1894년 갑오경장으로 신분제도가 사라지면서 모두가 고조부모까지 4대 봉사를 하게 되었다. 그러므로 오늘의 우리는 4대 봉사를 고집할 필요는 없다고 본다. 각 가정의 형편에 따라 융통성 있게 제사를 모셔도 되지 않을까 싶다.(문화재청, 『명절 차례와 제사』, 2006)

제사 지내는 방식과 절차 등은 『주자가례』·『국조오례의』·『가례집람』·『사례편람』 등의 여러 문헌과 지역, 가정에 따라 조금씩 차이가 나는데, 여기서는 일반적인 것만 개략적으로 살펴보기로 한다. 먼저 진설(상차림)하는 방법에 대해 알아본다.

밥은 서쪽, 국은 동쪽에 놓는다. 지방을 기준으로 볼 때 밥은 오른쪽, 국은 왼쪽이 되어 산 사람과 반대의 위치다.(반서갱동) 생선은 동쪽에, 육류는 서쪽에 놓는다.(어동육서) 생선의 머리는 동쪽, 꼬리는 서쪽으로 향하게 한다.(동두서미) 과일은 대추, 밤, 배, 감 네 가지를 기본으로 하여 계절에 따라 적절히 보탠다. 대체로 붉은 과일은 동쪽에 흰 과일은 서쪽에 놓는다.(홍동백서) 대추, 밤, 배, 감(조율이시)의 순서 또는 대추, 밤, 감, 배(조율시이)의 순서로 놓는다.

다음으로 지방과 축문에 관한 사항이다. 이에 대해서는 굳이 설명하지 않겠다. 다만 요즈음은 지방과 축문을 한글로 쓰는 경우가 늘고 있는데, 바람직한 현상이라고 생각된다. 한글 지방은 기존의 한자 대신 '할아버님 신위' · '할머님 안동김씨 신위' · '아버님 신위' · '어머님 안동김씨 신위' 등으로 쓰면 될 것이다. 축문은 너무 격식을 따질 필요 없이 자유롭게 써도 무방할 것이다. 다음은 한글 축문의 일례이다.

기리다

○○해 ○○날, ○○○[종자宗子 또는 종손宗孫의 이름]의 아버님[또는 어머님] 기일입니다. 저희 자손들은 늘 아버님 은덕을 생각하옵고, 이 날을 맞아 추모의 뜻을 잊을 수가 없어 이에 정성을 담은 음식을 마련해 올립니다. 지금 이 자리에 ○○는 어떠어떠한 일로 참석하지 못하였습니다. 누구누구는 어떤 일을 하고 있고, 누구누구는 딸을 낳았습니다.(하고 싶은 이야기를 자유롭게 씀) 좋은 일도 있고 궂은일도 있으나 아버님(의 혼령)께서는 저희 자손을 늘 음우陰佑하여 주시고 이끌어 주시옵소서. 마음을 푹 놓으시고 저희 자손들을 굽어보시며 흠향하옵소서.

— 이이화, 『역사풍속기행』 —

다음에는 제사 절차이다. 제사 절차는 대략 다음과 같다.

 11. 강신 : 제주가 분향하고 모사에 술을 부은 다음, 제관 일동은 두 번 절함.

12. 초헌 : 고인에게 첫 번째 잔을 올리는 절차. 집안의 종손이나 장남이 행함.

13. 독축 : 초헌 후에 제관 일동이 부복한 다음, 축관

이 축을 읽음.

14. 아헌 : 초헌과 같은 방법으로 잔을 올린 후
    두 번 절함. 돌아가면서 행함.

15. 종헌 : 아헌과 동일함.

16. 삽시 : 숟가락을 밥에 꽂고 제관 일동은 부복.

17. 헌다 : 숭늉 혹은 냉수를 국과 바꾸어 놓고 숟가락
    으로 밥을 조금씩 세 번 떠서 물그릇에 만 다음,
    숟가락과 젓가락을 물그릇 위에 가지런히 놓음.

18. 사신 : 제사가 끝났음을 의미하는 것으로 제관
    일동은 일제히 두 번 절함.

19. 철상 : 지방을 거두어 축문과 함께 불사르고
    제사상을 물림.

20. 음복 : 제사에 참석한 사람들끼리 제사음식을
    나누어 먹음. 음복을 함으로써 조상님들의
    복을 받는다는 의미가 있음.

끌으로 제사는 고인이 돌아가신 날 첫 새벽인 자시
(밤 11시~새벽 1시)에 모시는 것이 원칙이다.
초저녁에 지내는 것은 바람직스럽지 않다.*

－『명절차례와 제사』－

---

* 부득이하게 초저녁에 모셔야 한다면 차라리 기일 다음날 초저녁에
  모시는 것이 좋을 것이다.

이러한 제사 방식은 물론 유교적 전통에 의한 것이다. 하지만 최근에는 불교인들의 가정에서 불교식으로 제사를 지내는 경우가 확산되고 있다. 때늦은 감이 있지만 당연한 현상이라고 생각된다. 하지만 현재로서는 '불교식 제사법'이 정립되지 않아 혼란스런 면이 있다. 불교식 제사법은 그동안 『불교의식의 이해와 바람직한 집전 방법』(대한불교조계종포교사단), 『법요의례』(대한불교진각종), 『광명의 나라』(불광사 불광법회), 『한국의 불교의례』(정각), 『불자예절과 의식』(김길원), 『현대불자가례』(김근수), 『조상에 대한 감사의식을 가족법회로 모시자』(노희순) 등, 여러 단체와 개인에 의해 제시되고 있다.

'대한불교조계종포교사단'이 제시하고 있는 차례 식순과 기본원칙 및 발원문을 보면 다음과 같다. 먼저 차례 식순이다.

차례는, ①거불- ②청혼- ③공양- ④묵념-
⑤보공양진언- ⑥광명진언-
⑦찬불가(극락왕생하소서)-
⑧발원- ⑨음복 순이다.

다음은 제례의 기본 원칙이다.

병풍이 있으면 사용한다. 병풍이 없으면 없는 대로

지낸다. 위패와 사진을 잘 모시고 음식을 진설한다.

생전에 고인이 좋아하던 음식 순으로 준비하되,

나물과 과일을 기본으로 한다. 떡, 나물, 전, 송편,

떡국, 과일 등을 준비하며, 불교적인 차례상은 좌우에

국화 등 현란하지 않은 꽃으로 장엄을 한다.

잔을 올리는 것은 녹차를 사용하는 것이 좋다.

차례상 첫줄은 과일과 과자, 둘째 줄은 나물류와 식혜,

셋째 줄은 채소와 탕류, 넷째 줄은 전과 송편과 차,

다섯 번째 줄은 반메, 갱국 등의 순으로 진설한다.

다음은 발원문이다.

오늘 저희들이 올린 공양을 받으시고

부처님의 진리를 깨달으시어 아미타부처님의 국토,

극락세계에 태어나시어 저희 후손들이 건강한 몸과

건전한 정신으로 올바른 삶을 영위하여 깨달음을

얻는 길로 가도록 이끌어 주시기 발원하옵니다.

이제는 불교종단협의회가 중심이 되어 불교의 여러 단체들과 함께 통일된 제사법을 마련하여야 할 때이다. 그래야 불교식 제사법이 빠른 시간 안에 더 널리 확산될 수 있을 것이다. 제사는 오늘날과 같은 핵가족 시대, 개인주의 시대에 더욱 필요한 소중한 문화유산이다. 우리 불자들은 이런 제사문화를 시대상황에 맞게 더욱 합리적이고도 불교적인 방식으로 발전시켜 나가야 할 것이다.

불교인의 종교생활 패러다임을 바꾸자

종교란 무엇일까. 이 물음에 대한 해답은 그리 간단하지가 않다. 그것은 짐멜(*Georg Simmel*)의 다음과 같은 불평 속에도 잘 나타난다.

> 현재까지 아무도 모호하지 않고 동시에 충분히 포괄
> 적인 종교의 정의를 내리지 못하고 있다. 기독교인이나
> 남태평양 군도인의 종교나 불교나 멕시코의 토속종교
> 에 공통적으로 적용되는 '종교의 정의'가 없는 것이다.
>
> ― 오경환,『종교사회학』―

어쩌면 막스 베버의 말처럼, 종교의 정의는 종교에 대한 연구가 모두 끝났을 때에만 가능할지도 모른다. 그리고 종교에 대한 부정적 시각도 적지 않다. 종교는 '언어의 질병'일 뿐이라는 뮐러의 주장을 비롯해서, '외디푸스 콤플렉스에 기초를 둔, 미숙하고 유아적인 인간이 행복을 추구하려는 환상'이라는 프로이트의 주장, 과학의 발전은 필연적으로 종교의 후퇴와 소멸을 초래할 것이라는 프레이저(James Frazer)의 주장, 그리고 종교는 민중의 아편으로서 사회적 억압과 소외의 산물일 뿐이라는 마르크스의 주장이 그러한 몇 가지 예이다.

그러나 사회적 억압과 소외가 사라지는 계급 없는 이상사회(Classless society)가 이루어진다고 해서 종교가 사라질 것 같지는 않고, 과학의 발전이 곧 종교의 소멸로 이어지지도 않을 것 같다. 종교의 뿌리는 사뭇 깊다. 이미 앞에서 설명한 『불설비유경』의 정등(井藤)의 비유는 인간에게 종교가 필요한 이유를 설득력 있게 말해 준다. 정등의 비유는 결국 인간의 실존적 한계상황에 대해 이야기하고 있는 것으로 이해된다.

이러한 '실존적 한계상황'이 번복할 수 없는 진실이라면, 그 실존적 한계상황은 과학의 발전이나 사회정의로도 치유가 불가능할 것이다. 그것은 종교적인 힘에 의해서만 극복될 수 있다. 따라서 종교는 생로병사의 운명을 짊어진 인류에게 영원한 동반자로 남을 수밖에 없을 것으로 전망된다.

한 조사 보고(International Bulletin of Missionary Research, 2022년 1월호)에 따르면, 지구상에는 수많은 종교가 있으며, 종교를 가진 사람이(약 70억 5천만 명) 종교가 없는 사람들(약 9억 명)보다 훨씬 많다. 종교인들 가운데는 가톨릭과 개신교를 합친 기독교인이 약 25억 5천만 명으로 가장 많고, 이슬람교를 믿는 무슬림이 약 19억 6천만 명, 힌두교 신자가 약 10억 7천만 명, 불교신자는 약 5억 4천만 명에 불과한 것으로 집계되어 있다. 물론 이 통계가 정확하다고는 볼 수 없다. 특히 불교의 경우, 중국의 잠재적 불교인들을 감안한다면 그 숫자는 훨씬 더 늘어날 가능성이 많다. 그러나 대체적인 종교분포에는 큰 변화가 없을 것으로 보인다.

불교는 형식적인 면에 있어서만이 아니라 종교생활의 구체적인 내용면에 있어서도 기독교, 이슬람교, 힌두교에 비해 뒤진다. 기독교인들은 십일조 헌금을 내고 주일 예배를 지킨다. 무슬림들은 매일 5회, 즉 새벽 · 정오 · 오후 · 일몰직후 · 취침 전에 메카를 향해 예배하며, 대체적으로 1년에 한 번 정도는 메카를 순례(Haji)한다. 이밖에도 그들의 신앙생활은 상당히 조직적이고 적극적으로 이루어진다. 이해 비한다면, 적어도 우리 한국 불교도들의 신행생활은 매우 느슨하며 소극적이고 개인적이다. 1년에 한 번, 사월 초파일에 절에 가서 등을 밝히는 불교인이 상당수를 차지한다. 그러다 보니 불교인의 정체성이 종종 문제시되며 불교신도들 간의 결속력도 부족하다. 이제 불교인들도 좀 더 체계적이고 조직적이며 적극적인 신행생활을 영위해 나갈 필요가 있으며 사찰 운영 방식도 바꿔나가야 한다. 물론 그러기 위해서는 종단 차원의 관심과 스님들의 노력, 신도들의 실천이 어우러져야 할 것이다.

그렇다면 불교인들은 불교적 종교생활, 즉 신행생활을 어떻게 해 나가는 것이 좋을까. 먼저 불교적 신행생활의 기본원칙이라고 할 만한 가르침이 『열반경』 「범행품梵行品」에 다음과 같이 설해져 있다.

 선남자 선여인이여, 이 세상에서 누가 가장 높고 가장 착한 사람인가. 그 사람은 먼저 부처님과 그 교법을 믿어야 하며, 믿는 데 그치지 말고 절에 가야 하며, 절에 가서 예배해야 하며, 예배하고는 법을 청해 들어야 하며, 법을 들을 때는 지성으로 듣고 그 뜻을 깊이 생

각해야 하며, 듣고 생각한 대로 행해야 하며, 자신의
해탈을 구하지 말고 대승으로 회향해야 하며, 일체 중
생을 이익되고 안락하게 하여야 하느니라. 이런 이가
이 세상에서 가장 높고 가장 착한 사람이니라.

불자들 중에는 아직도 다음의 두 부류가 상당한 비율을 차지
하고 있다. 그 하나는 불교는 부처님에 대한 믿음과 정성, 다시
말해 불심佛心이 가장 중요하므로 불교에 대해 특별히 배울 필
요가 없고 절에 가서 열심히 절을 하고 불공만 올리면 된다고
생각하는 사람들이다. 다른 하나는 불교는 한마디로 깨달음의
종교요 일체유심조一切唯心造의 진리이므로, 굳이 절에 가지
않더라도 혼자 불교를 공부하고 수행하면 된다고 생각하는 사
람들이다. 이런 생각을 하는 사람들은 특히 이『열반경』의 말
씀을 가슴에 깊이 새겨보아야 한다. 출가한 스님들에게는 출가
수행자로서 나아가야 할 길이 있고, 재가신도들에게는 재가자
로서 지키고 실천해야 할 덕목들이 있다. 여기에서는 재가신도
가 지켜야 할 일반적인 신행지침과 내용에 대해 제시해 보고자
한다. 이러한 신행지침은 종지와 종풍에 따라 각 종단 차원에
서 마련해 가야 할 것이다. 재가신도들의 신행지침에는 대체적

으로 다음의 내용들이 포함될 수 있을 것이다. 이 내용은 불기 2542년 '대한불교조계종 깨달음의 사회화운동 연구기획단'이 만든 '자기신행점검표'를 주로 참고하였다. '자기신행점검표' 작업에는 필자도 적극 참여하였으며, 여기서는 몇 가지 내용을 나름대로 수정 보완하였다.

재가불자들은 다음 사항들을 스스로 지켜나가고 주위의 불자들에게도 권하면 좋을 것이다. 먼저 불자들이 매일 또는 일상생활 속에서 실천해 봄직한 내용들이다.

첫째, 아침예불을 한다. 아침예불은 일정한 시간에 집에서 가까운 사찰에 직접 가서 해도 좋고 자기 집에서 가장 깨끗하고 조용한 장소를 선택하여 각자의 원불願佛을 모시고 해도 좋다. 원불이 없을 때는 자신의 재적사찰 또는 원찰을 향하여 예불을 한다. 아침예불은 각자의 사정에 맞게 간략하게 하며, 종단 차원에서 예불 시간을 정해 놓는다면, 그 시간에 함께 예불하는 불교인들이 연대감이나 결속력을 느낄 수 있고 보이지 않는 구속력이 있어서 좋을 것이다. 아침예불문 역시 종단차원에서 현대적인 우리말로 정비해 볼 만하다.

둘째, 일정한 시간을 정해 좌선을 한다. 매일 취침 전에 적당한 장소를 골라 5분에서 30분 정도 좌선을 한다. 하루 동안의 자신의 행동을 반성하거나 내일의 중요한 일을 생각한 후 선정에 든다.

셋째, 경전 독송을 한다. 경전 독송은 아침예불 시간이나 좌선 시간에 병행하거나 별도로 해도 좋을 것이다. 집이나 직장 또는 학교에 불교성전이나 자기가 좋아하는 단행본 경전을 비치해 두고 적절한 시간에 적어도 하루 한 구절 이상씩 독송한다.

넷째, 공양 발원을 한다. 식사 시간에 항상 감사의 마음으로 합장하는 습관을 기르도록 한다. 공양발원문을 암기하여 때와 장소에 따라 소리 내어 욀 수도 있고 마음으로만 욀 수도 있을 것이다. 이 공양발원문 또한 종단 차원에서 마련하여 보급해야 할 것이다.

다섯째, 법우의 불명을 부른다. 불자들 간에 서로를 부를 때는 가급적 불명을 사용한다. 그렇게 함으로써 서로가 불자라는 자긍심을 갖고 법우로서 우정과 신뢰를 돈독히 하게 될 것이다.

여섯째, 불교 관련 방송 언론매체를 자주 이용한다. 불교계에는 불교텔레비전, 불교 라디오방송을 비롯하여 불교 신문, 잡지들이 적지 않다. 이러한 불교 매체들을 자주 이용해야 불교계의 새로운 소식과 다양한 불교 상식을 접함으로써 자신의 신행생활을 돕고 결과적으로 불교 관련 언론매체의 양적·질적 발전에도 도움을 줄 수 있을 것이다.

일곱째, 인연 닿는 사람에게 불법을 전한다. 종교를 가지고 있는 사람에게 불교를 강요할 것까지는 없겠지만, 아직 종교가 없는 사람들에게는 불교를 권하고 종교가 있는 사람들에게도 불교의 진리를 알려줄 필요가 있다고 본다. 기독교인들이 전도에 적극적인데 비해 불교인들은 아직 불법을 널리 펴는 일에 소극적이다. 기독교의 성경은 현재 지구상에 약 2,000개가 넘는 언어로 번역되어 있는 데 불경은 기껏해야 10개 안팎의 언어로 유통되고 있다는 사실을 불교인들은 기억해야 한다. 국내 포교뿐만 아니라 국제 포교에도 관심을 가져야 할 때다.

여덟째, 이웃을 위해 발원하고 어려운 사람들에게 자비봉사 행을 실천한다. 자비의 정신은 불교의 핵심이다. 그래서 보살 은 자리이타自利利他를 생명으로 한다. 항상 이웃을 위해 봉사 하겠다는 마음을 갖고, 어려운 이웃을 만나면 조금이라도 돕 고 베푼다.

아홉째, 음식을 버리거나 남기지 않는다. 스님들은 발우공 양을 할 때에 발우에 작은 찌꺼기도 남기지 않는다. 오늘날 우 리 사회에 음식 쓰레기 문제는 매우 심각하다. 또한 지구상에 는 굶어 죽는 사람도 많다. 음식의 소중함을 알고 음식을 남기 지 말아야 한다.

다음에는 우리가 불자로서 연간 또는 월간 실천해야 할 사 항에 대해 살펴보기로 한다.

첫째, 자기 소득의 일정량을 재적사찰에 보시하거나 불교단 체 및 사회단체에 후원한다. 기독교인들처럼 자기 소득의 10

분의 1일 보시하기 어렵다면, 100분의 8(백팔보시)이라도, 소득이 적은 사람은 1%라도 불교를 위해 또는 사회를 위해 보시하는 것을 원칙으로 삼는다.

둘째, 사월 초파일과 성도절에는 절에 간다. 사월 초파일은 부처님이 이 세상에 태어나신 날이고 성도절은 부처님이 깨달음을 이루신 뜻 깊은 날이다. 사월 초파일에는 꼭 절에 가서 정성껏 등을 밝히고, 성도절에는 용맹정진 내지는 철야정진을 하도록 한다. 무슬림들은 9월을 라마단(Ramadan)으로 정하며 부부관계를 맺지 않고, 낮 동안에는 식음을 전폐하기까지 한다는 것을 유념해야 할 것이다.

셋째, 자신의 재적사찰을 갖고 법회에 월 2회 이상 참석한다. 기독교인들은 대개 일주일에 두 번 정도는 자기 교회에 나간다. 불교인들도 매월 2회 이상은 재적사찰에 나가 법회에 참석해야 한다. 마음도 중요하지만, 그 마음을 구체적인 행동으로 표현하고 나타내는 것도 중요하다. 법회에 참석하는 것은 곧 그러한 마음의 표현이다.

넷째, 1년에 적어도 10권 이상의 불교서적을 읽고 2권 이상의 불서를 선물한다. 타 종교인들에 비해 불교인들의 독서량이 적은 것은 주지의 사실이다. 오히려 불교인이 다른 종교인들보다 더 책을 많이 읽어야 되는 것이 아닐까.

다섯째, 1년에 2회 이상 사회봉사활동이나 불교사회복지활동에 참여한다. 자비의 실천은 불교인의 최고 덕목이다. 그 한 방법으로 불교시민사회운동에 적극 참여하도록 한다.

이 외에도 불교인으로서 실천해야 할 사항들은 얼마든지 있다. 예컨대, 불교성지를 적어도 평생에 한 번은 순례한다든가, 1년에 한 번은 수련법회에 참석한다든가 하는 등의 일이다. 하지만 우선 앞에서 예시한 사항들을 지켜가면서 점점 발전시켜 가면 좋을 것이다. 신행생활은 불교인 개개인의 노력도 중요하지만, 스님들의 지도와 종단차원의 지침 마련 및 홍보도 반드시 필요하다고 본다. 모든 불교인이 이 문제에 깊은 관심과 노력을 기울여야 할 때다.

돈은 바르게 벌고 바르게 써라

　　많은 사람들은 법정 스님의 '무소유'를 떠올리며 불교는 경제와 무관한 종교라고 생각하는 경향이 있다. 하지만 무소유는 소유를 부정하는 말이 아니라, '필요 이상의 소유' 그리고 '소유에 대한 집착'을 경계하는 말이다. 무소유는 결코 경제활동을 부정하는 것이 아니며, 기실 엄격한 불교경제윤리를 역설하고 있는 것이다. 슈마허가 그의 명저 『작은 것이 아름답다』에서 '불교경제학'이라는 용어를 사용했듯이 불교에는 불교만의 독특하고 훌륭한 경제적 가르침과 이론이 있다.

불교의 궁극적 목표는 말할 것도 없이 자유와 안락과 생명의 삶, 즉 해탈과 열반을 성취하는 데 있다. 그 해탈과 열반을 성취하기 위해서는 모든 세속적 욕망을 끊고 출가 수도하여야 한다고 보는 것이 일반적인 통념이다. 그러나 이 부분에서 우리들이 매우 주의깊게 살펴보아야 할 점이 있다. 그것은 부처님께서 사성제四聖諦 법문을 설하시면서 열반에 이르기 위한 필수불가결의 실천 덕목으로서 팔정도八正道를 제시하고 있다는 점이다. 아다시피 팔정도란 정견正見, 정사유正思惟, 정어正語, 정업正業, 정명正命, 정정진正精進, 정념正念, 정정正定이다. 우리는 여기서 특히 정명이라는 개념에 대해 깊이 생각해 보아야 한다. 정명(right livelihood)이란 팔리어 sammajiva와 산스크리트어 samyak-ajiva를 한역漢譯한 것으로 '바른 생활'(생활방법) 또는 '바른 직업'의 의미를 갖고 있다. 따라서 출가자에게 있어 정명이란 세속적 직업을 버리고 출가공동체의 행동 규범과 규율을 잘 지키며 출가 수행자로서의 본분인 성직聖職을 성실히 수행해 나가는 것이다. 또한 재가불자나 일반인에게 있어서 정명이란 바른 직업이나 바른 생계 수단에 바탕한 건전한 생활을 영위해 나가는 것이다. 이처럼 열반의 성취를 위해서는 바른 견해正見라든가 바른 선정正定뿐만 아니라 바른 생활正命도 반드시 필요하다는 것을 사성제와 팔정도 법문은 우리에게 분명히 말해 주고 있다. 그런데도 우리는 이 정명이라는 덕목이 존재한다는 사실조차 지나쳐 버리기 일쑤였고, 정명의 의의와 중요성을 너무 소홀히 취급하지 않았나 생각한다. 영국의 유명한 경제사상가 슈마허(E.F. Schumacher)가 바로 이 정명의 개념에 착안하여 『작은 것이 아름답다』라는, 가히 불교경제학이라 할 만한, 훌륭한 책을 썼던 사실을 떠올려 볼 때, 우리는 다시 한 번 이 정명의 중요성을 깨닫게 된다.

그렇다면 바른 생활, 특히 경제적인 측면에서 정명에 대한 부처님의 기본 입장은 무엇이었을까? 불교는 일반적으로 경제적인 활동에 대해 매우 소극적이거나 부정적인 입장을 취하는 종교로 인식되고 있다. 그러나 부처님의 다음 말씀은 그러한 인식이 매우 잘못된 편견이요, 선입견이었음을 깨닫게 해 준다.

 비구들이여, 세상에는 세 부류의 사람들이 있다. 무엇이 셋인가? 눈먼 사람, 한 눈만 있는 사람, 두 눈 가진 사람이 그 셋이다.

비구들이여, 눈 먼 사람이란 어떤 부류의 사람인가? 어떤 사람들은 재산을 얻거나 늘이는 안목을 갖고 있지 않다. 또한(재산을 얻거나 늘이는 데 있어) 악하고 선한 방법, 비난 받고 칭찬 받는 방법, 천하고 고상한 방법, 떳떳하고 어두운 방법을 잘 식별하는 눈을 갖고 있지도 않다. 비구들이여, 이러한 사람들을 눈 먼 사람이라 한다.

비구들이여, 한 눈만 있는 사람이란 어떤 부류의 사람들인가. 어떤 사람들은 재산을 얻거나 늘이는 안목은 갖고 있다. 그러나 재산의 획득과 증식을 위한 선하고 악한 방법, 비난 받고 칭찬 받는 방법, 천하고 고상한 방법, 떳떳하고 어두운 방법을 식별하는 눈은 갖고 있지 않다. 이러한 사람들을 한 눈만 있는 사람이라고 부른다.

비구들이여, 두 눈 가진 사람이란 어떤 부류의 사람들인가. 어떤 사람들은 재산을 얻거나 늘이는 눈을 갖고 있다. 또한 재산의 획득과 증식을 위한 선한 방법과 악한 방법, 비난 받고 칭찬 받는 방법, 천하고 고상한

방법, 떳떳하고 어두운 방법을 잘 식별하는 눈도 갖고
있다. 이러한 사람들을 두 눈 가진 사람이라 부른다.
－『앙굿따라 니까야』1 －

이 가르침의 내용은 결국 두 가지로 요약될 수 있다. 그 하나
는, 출가수행자를 제외한 재가자나 일반인들은 재산의 획득과
증식에 관심을 갖고 돈을 벌어야 한다는 것이고, 다른 하나는
그 방법의 옳고 그름에 대해서도 주의를 기울여야 한다는 것이
다. 다시 말해 우리들은 첫째, 돈 버는 일에 관심을 갖고 돈을
벌어야 하며, 둘째 돈을 벌되 바르게 벌어야 한다는 것이다.

그렇다면 우리들이 정당한 방법으로 돈을 벌려면 어떻게 해
야 될까. 무엇보다도 먼저 직업을 가져야 한다. 부처님께서는
"갖가지[種種]의 공교업처工巧業處로 스스로 생활을 영위하라."
(『잡아함』)라고 설하신다. 여기서 공교업처란 정당한 기술과
공예를 바탕으로 한 건전한 직업을 의미한다. 부처님 당시에
는 생산력이 매우 낮은 상태였기 때문에 부처님은 생산력을
높이기 위한 기술을 중시하셨던 것 같다. 부처님은 『장아함』
에서 다음과 같이 말씀하신다.

 먼저 기술을 배우고 그 후에 재물을 구하라.

물론 부처님의 가르침은, 재화를 생산하는 데 따른 직업인의 기본적인 태도나 자질에 관한 윤리적 측면에 비중을 두고 있다고 여겨지지만, 어쨌든 기술 습득을 주요한 생산 요소로 보신 것은, 부처님께서 경제 흐름을 명확히 파악하신 결과라고 생각한다. 솔로우(R. Solow)와 데니슨(E. Denison), 그리고 슘페터(J. Schumpeter) 같은 쟁쟁한 경제학자들이 이구동성으로, 오늘날처럼 경제가 성장하고 자본주의가 발전해 온 데는 기술의 진보 및 혁신의 공이 매우 크다고 지적하고 있음을 상기해 보기 바란다.

이처럼 기술과 직업의 필요성을 깨우쳐 주신 부처님은 더 나아가 "모든 직업에 성실하고 부지런해야 한다."(『잡아함』)고 설하시며 성실과 근면을 강조하신다. 요즘 사람들은 힘들고 위험하고 더러운 일, 이른바 3D 업종을 기피하는 경향이 있는데 부처님의 다음 말씀은 우리에게 큰 경책으로 다가온다.

 어떤 것이 정근인가, 직업을 따라 가계를 세워 생활하는 것이다. 혹은 왕의 신하가 되거나, 혹은 농부가 되거나, 혹은 치생을 하거나, 혹은 목자가 되거나 그 업을 따라 괴로움을 싫어하지 않고 또 춥거나 덥거나

붓다의 생활 수업

바람이 불거나 비가 오거나 배가 고프거나 목이 마르
거나 또 모기·깔다귀·파리·벌 때문에 괴로움이 있
을지라도 그 업을 버리지 않고 그 업을 성취하기 위하
여 애써 나아가는 것을 정근精勤이라고 한다.

－『별역 잡아함』－

 이와 같이 철저한 직업의식은 출가수도자의 수행 정신과 조
금도 다르지 않다고 본다. 이것은 불교가 추구하는 목표가 단
순한 지식의 탐구나 사변적인 희론에 있는 것이 아니라, 구체
적이고 생생한 삶의 진실을 체득하는 데 있음을 분명하게 보
여준다 할 것이다. 이처럼 근면과 성실을 강조하시는 부처님
께서 사치와 낭비, 게으름과 방탕을 경계하시는 것은 참으로
당연한 일이라 하겠다.

 장자여, 재산을 탕진하는 여섯 가지는 무엇인가. 술에
탐닉하는 것은 참으로 재산을 탕진하는 문이며, 때 아닌
시간에 거리를 나다니는 것 역시 재산을 탕진하는 문이
다. 장자여, 제례와 가무 등의 모임에 열중하고 도박에
빠지는 것은 재산을 탕진하는 문이다. 나쁜 벗과 사귀고

게으름을 피우는 것 또한 재산을 탕진하는 문이다.

                                          — 『디가 니까야』 III —

  부처님은 이렇게 설하시면서 재산을 낭비하게 되는 이들 여
섯 가지 원인에 따른 폐해와 위험을 상당히 상세하게 설명하
시기도 한다. 그리하여 부처님은 검소하고 절약하는 생활을
제자들에게 늘 강조하셨다. 부처님과 부처님 제자들이 얼마만
큼 검소하고 절약했는지는 다음 일화 속에서도 너무나 감동적
으로 나타나고 있다.

  아난존자가 어느 날, 샤마바티 왕비로부터 500벌의
  가사를 보시 받게 되었다. 이를 본 우다야나 왕이 아난
  존자에게 묻는다.
    "존자여 그 많은 옷을 어떻게 하시렵니까?"
    "대왕이여, 여러 비구들에게 나누어 주렵니다."
    "그럼 여러 비구들이 입고 있던 옷은 어떻게 하시렵
  니까?"
    "대왕이여, 비구들이 입던 낡은 옷으로는 이불덮개
  를 만들겠습니다. … 그리고 떨어진 이불덮개로는 베

갯잇을 만들겠습니다. 헌 베갯잇으로는 방석을 만들겠
습니다. 헌 방석으로는 발수건을 만들겠습니다. 낡은
발수건으로는 걸레를 만들겠습니다. 떨어진 걸레는 가
늘게 썰어 진흙과 섞어서 벽을 바르는 데 쓰겠습니다."

무분별한 개발과 고성장 정책으로 이미 심각한 환경 위기를
맞고 있고, 무절제한 과소비와 사치, 낭비와 향락의 도도한 흐
름에 저항 없이 떠내려가고 있는 우리들로서는 아난 존자의
말씀에 절로 옷깃을 여미게 된다. 존자의 말씀은 음식점에서
먹는 음식 중 약 3분의 1을 음식 쓰레기로 버리고 있는 우리들
에게 많은 것을 시사한다. 그리고 스님들이 발우공양하시는
자세와 그 정신을 배워야 한다.

그러나 부처님께서 이렇게 검소와 절약을 강조하시지만, 지
나치게 궁색하고 인색하게 사는 것도 바람직한 것이 못 된다
고 가르치신다. 부처님은 『앙굿따라 니까야』에서 수입과 지출
이 적절하게 균형을 이루도록 생활하라고 설하신 적이 있다.
물론 여기에서의 지출은 개인적인 욕구 충족만을 위한 지출을
의미하지는 않는다. 또한 총수입의 1/4은 생계비로 쓰고, 1/4
은 생산비로 쓰며, 1/4은 저축하고, 나머지 1/4은 농부나 상인

에게 빌려주어 이자를 얻도록 하라는, 이른바 사분법四分法을
말씀하기도 하셨다.

우리는 흔히 내 돈 내가 벌어 내 마음대로 쓰는 것이 뭐가
잘못이냐고 말하곤 한다. 그러나 부처님은 말씀하신다.

> 만일 법다이 재물을 구하여 자기 스스로 수고로이
> 얻은 것을 남에게도 대어 주고 자기도 쓰며, 또한 널리
> 베풀어 복도 지으면 이것은 다 덕이 있나니, 욕심 부리
> 는 중의 최상이니라.
>
> —『중아함』—

『법구경』 주석서에는, 한 스님이 모든 고통으로부터 해탈하
기를 원하는 사위성 은행가의 아들에게 "당신이 가진 재산을
3등분하여, 그 중 한 몫은 사업에 쓰고, 다른 한 몫은 가족의
생계에, 그리고 나머지 한 몫은 부처님의 교단에 시주하십시
오."라고 했다는 내용이 나온다. 이러한 말씀은 자기가 번 돈
이라 하더라도 마음대로 쓰면 안 되고 이웃과 함께 나누면서
바르게 쓰라는 가르침으로 이해된다. 우리는 앞에서 이미 불

교인은 돈 버는 데 관심을 갖고 돈을 벌어야 하고, 또한 올바른 방법으로 돈을 벌어야 한다는 두 가지 원칙에 대해 살펴보았다. 그러나 이제 우리는 여기에 한 가지 원칙을 더 첨가해야 한다. 그것은 곧 '바르게 번 돈을 바르게 쓰기까지 해야 한다.'는 원칙이다. 이것은 부처님께서 자비와 보시를 특별히 강조하시고, 자리와 이타의 보살행을 그토록 강조한 점으로 미루어 보더라도 충분히 알 수 있지만, 다음 가르침은 이를 더욱 구체적으로 뒷받침해 준다.

 재화는 다음의 목적을 위해 쓰여져야 한다.

첫째, 부모 · 아내 · 자식 · 하인 · 일꾼과 다른 사람들을 즐겁고 행복하게 하기 위해.

둘째, 친구와 동료를 즐겁고 행복하게 하기 위해.

셋째, 왕난 · 수난 · 화난 · 도적의 난 · 전쟁 등에 대비하고 상속을 준비하며 재산의 보존을 위해.

넷째, 친족 · 손님 · 아귀 · 왕 · 신에 대한 다섯 가지 의무를 수행하기 위해.

다섯째, 인내와 겸손으로 자아를 성취한 성자들을 공양하기 위해.

— 『앙굿따라 니까야』 II —

이렇듯 우리가 번 돈은 우리들 자신과 가족만이 아니라 우리의 이웃을 위해서도 바르게 쓰여져야 하는 것이다. 자신의 이기적 욕망만을 따르고 주위를 돌아보지 않는 사람은 결국 망하게 된다는 것을 경전은 다음과 같이 말해 준다.

 엄청난 부와 황금이 있고 먹을 것이 많은 사람이
다만 혼자서 누리고 먹는다면, 이것은 파멸에의
문이다.   - 『숫타니파타』 102 -

우리는 이제 우리나라의 불우이웃만이 아니라 지구촌의 빈민에게도 관심을 가져야 한다. 유엔무역개발회의(운크타드)의 보고에 따르면, 세계 49개 최저개발국 국민의 80% 이상이 하루 2달러 미만의 수입으로 생활하며, 특히 아프리카 최저개발국에서는 국민의 65%가 하루 1달러 미만으로 살아간다고 한다.

우리는 어려울 때 외국인들의 도움을 많이 받았다. 이젠 우리가 베풀어야 할 때다. 자신의 자동차는 폐차할 때까지 쓸 정도로 아끼면서도 국제원조에는 적극적인 노르웨이 사람들에게서 배울 점이 많다고 생각한다. 진정한 불교인이라면, 반드시 자신의 소득의 일정 비율을 교단에 대한 시주금 및 세상에 대한 회향금으로 할애해야 한다. 그 비율은 1%든, 2%든, 8%든, 10%든 자신의 형편에 맞게 정하면 될 것이다.

요컨대 돈 버는 일을 해야 하고, 올바른 방법으로 벌어야 하며, 바르게 쓰기까지 해야 한다는 것은 재가 경제의 황금률임과 동시에 보살경제의 대원칙이며 불교자유경제의 대전제라 할 것이다. 이러한 원리적 근거에서 이기적 욕망과 탐욕은 대승적 이타의 원으로 질적인 변화를 이룰 수 있을 것이다.

벌고 쓰다

19

업무 성취를 위한 노력이
직장인의 정근이다

밥벌이, 그것은 참 눈물겨운 단어다. 공장이나 회사 또는 학교에서 과로와 사고와 스트레스로 죽어나가는 사람들을 보라. 밥벌이를 위한 직장 구하기가 하늘에 별따기지만, 작장을 얻는다 하더라도 직장생활 자체가 녹록치 않다. 회사는 성과와 실적을 최대화하기 위해 갖은 방법과 교묘한 시스템으로 구성원들을 쥐어짠다. 밥벌이를 위해서는 회사의 갑질, 상사의 괴롭힘, 위험하고 열악한 작업환경 등, 이 모든 것을 감내하지 않으면 안 된다. 생계를 위해, 생활을 위해 우리는 직장에 나가야 하고 일을 해야 한다. 부처님은 이런 우리에게 뭐라고 가르치실까.

우리 사회는 지금 비정규직 또는 실업문제로 몸살을 앓고 있다. 특히 청년실업문제는 심각한 사회문제가 되어 있다. 직장을 얻기가 어려운 것은 우리나라에만 국한된 현상은 아니다. 북미, 유럽, 일본 등 선진국가들에 있어서도 대규모의 실업은 일반화된 지 이미 오래다. 한마디로 우리나라를 비롯한 세계는 지금 '노동의 위기' 속에 빠져 있는 것이다.

이 노동의 위기에 대해서는 제레미 리프킨(*Jeremy Rifkin*)이 그의 저서 『노동의 종말』에서 구체적 자료를 제시하면서 심도 있는 분석을 한 바 있다. 그는 이 위기에 대해 "세계 도처의 사람들은 자신들의 미래에 대해서 불안해하고 있다. 젊은층들은 좌절감과 분노를 표출하고 있으며, 노년층 노동자들은 과거의 영광과 암울한 미래 사이에서 자포자기하고 있다. 전 세계적으로 획기적인 변화가 일어나고 있으며, 이 변화의 규모는 너무나 커서 우리는 그 궁극적인 영향을 측정할 수가 없다."라고 진술한다. 그것은 다국적 기업들이 전 세계적으로 하이테크 생산 설비를 채용하면서 비용 효율성, 품질 관리, 분배 속도 등의 면에서 더 이상 경쟁이 안 되는 수백만의 노동자들을 해고하기 때문이라는 것이다. 그리하여 이미 자동화된 미래의 확실한 코스에 놓여 있는 우리는 21세기 초반에는 최소한 제조업에 있어서는 거의 무노동의 시대를 맞이할 것이고, 서비스 분야도 비록 자동화가 조금 느리겠지만 21세기 중반에는 거의 자동화 상태에 근접할 것이라고 그는 전망한다.

이렇게 볼 때 지금 직장을 갖고 있는 사람들은 참으로 다행스럽고 감사하다는 생각을 잃지 말아야 하며, 동시에 직장을 갖지 못한 사람들에 대한 따뜻한 관심과 배려를 아끼지 말아야 한다. 그리고 우리는 바람직한 직장생활을 영위하기 위하여, 직업의 의미에 대한 이해를 심화시키고, 직업윤리를 확립해야 한다.

먼저 직업의 의미에 대해 생각해 보기로 한다. 불교적으로 볼 때 직업에는 크게, 경제적 의미와 사회적 의미, 그리고 종교적 의미가 있다.

첫째는 경제적 의미이다. 인간은 살아가기 위해서 음식물을 섭취해야 하고 옷을 입어야 하며 거주할 집이 필요하다. 그러나 이러한 생활 수단은 자연 속에서 그냥 저절로 얻을 수 없기 때문에 재화의 창출이 필요하게 된다. 다시 말해서 의식주 생활을 영위하고 생계유지를 위해서는 재화의 획득이 필요하다. 토지 및 자본과 함께 생산의 3요소라 일컬어지는 노동은 이러한 재화의 획득과 증식이라고 하는 경제적 의미가 그 기본적

의미라 할 수 있다. 불교 초기경전 가운데도 이러한 노동의 경제적 의미를 분명하게 설하고 있는 가르침이 발견된다.

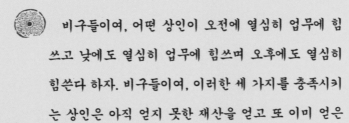

비구들이여, 어떤 상인이 오전에 열심히 업무에 힘쓰고 낮에도 열심히 업무에 힘쓰며 오후에도 열심히 힘쓴다 하자. 비구들이여, 이러한 세 가지를 충족시키는 상인은 아직 얻지 못한 재산을 얻고 또 이미 얻은 재산을 늘릴 수 있을 것이다.

둘째는 사회적 의미이다. 불교의 연기적 세계관에 따르면, 세계의 모든 사물과 존재는 마치 하나의 거대한 그물망처럼 얽혀 원융 무애한 상즉상입相卽相入의 관계 속에 있다. 모든 것은 절대적이고 독자적으로 존재하는 것이 아니라, 유기적이고도 역동적인 상호의존성의 바탕 위에서 존재하는 것이다. 인간 역시 연기적 존재로서 인간의 삶은 본질적으로 관계성과 사회성에 바탕을 두고 있다. 달라이라마 존자가 즐겨 쓰시는 "나는 나 아닌 것으로 이루어진다."라는 표현도 기실 연기의 진리에 다름 아니다. 따라서 우리 인간은 자연과의 관계뿐만 아니라 사회와의 관계를 적절히 유지해야 한다. 이때 필연적으로 요구되는 것이 노동과 생산이다. 노동은 그 대가로 경제적 급부를 제공 받고 그것에 의해 생활이 유지되고 지속적인 사회활동이 이루어진다는 측면에서 직업으로서의 기능을 갖게 되기 때문이다. 직업은 개인과 사회, 전체와 개체를 연결하는 연결 고리이자 통로이기에, 이 직업을 통해 사회 전체와 개인의 양극은 상호작용을 하며 인간 생활을 유지시켜 간다. 노동과 직업은 모든 인간 생활의 기초이며 이 기초 위에서 인류 문화가 창조되는 것이다.

그런데도 우리는 노동의 사회성을 망각한 채, 노동을 통한 개인적 이익만을 추구하고 있다. 이에 대해 조지 소로스는 다음과 같이 경고한다.

그 결과 우리 사회에는 결과만을 강조하는 편의주의가 만연해 있다. 사람들은 여전히 도덕성을 외치고 있지만, 그것 역시 일종의 편의주의에 불과하다. 그것을 주장하는 것이 자기 이익에 도움이 되기 때문이다. 이제는 자기 이익이 일종의 사회적 가치가 되어 버렸고, 우리 사회를 지배하는 편견이 되어 버렸다.

ㅡ 형선호,『세계 자본주의의 위기』ㅡ

한마디로 시장 가치의 확산으로 공동체가 붕괴 위기에 직면해 있다는 것이 소로스의 지적이다. 하지만 그는 시장의 기능은 절대 유지되어야 하며, 다만 이제는 개인의 이익만을 우선시하는 잘못된 태도를 버리고 열린사회를 만들어가야 한다고 주장한다.

직장인들은 반드시 공동체의식과 사회의식을 가져야 한다. 대승경전의 하나인 『범망경』에서는 "모든 남자는 다 나의 아버지이고 모든 여자는 다 나의 어머니이니 내가 태어날 적마다 그들을 의지하여 났을 것이기 때문이다. 그러므로 육도六道의 중생들이 다 나의 부모이니라."라고까지 설하고 있다. 사실상 우리들의 일상생활도 수많은 사회적 노동의 은덕에 의존하고 있다. 예컨대 한 채의 집을 짓는 데도 수많은 사람들의 협력이 필요하다. 목재상, 목수, 미장이, 유리가게, 석공, 전기공사, 기와공사, 하수도공사 등 엄청난 사람들의 협력이 필요한 것이다. 양복 한 벌이 완성되는 데도 재단사, 직물업자, 염색업자, 양모수입업자, 수출업자, 목축업자 및 이 과정에 개입하는 운송, 금융, 보험, 창고, 포장, 중간상인 등 다양한 노동과 급부가 총동원되지 않으면 안 된다.

불교에서는 우리가 입고 있는 여러 은혜를 크게 네 가지, 즉 부모은, 중생은, 국왕은, 삼보은三寶恩으로 구분하여 설한다. 따라서 우리는 이러한 은혜를 바로 알아[知恩] 은혜에 보답[報恩]하지 않으면 안 된다. 이렇게 본다면, 직장에서의 노동은 우리가 받고 있는 수많은 은혜에 보답하는 행위임과 동시에 다른 사람들에게 은혜를 베푸는 행위라고 할 수 있다. 우리는 우리가 직장에서 행하는 일의 의미가 얼마나 크며, 그 일이 얼마나 소중한가를 항상 의식하고 있어야 한다.

셋째는 종교적 의미이다. 동물은 건강하고 먹을 것만 충분하면 행복하지만 인간은 결코 그럴 수가 없다. 그것은 인간에게 '생존의 욕구'와 '초생존超生存의 욕구'가 병존하기 때문이다. 그리하여 우리는 종교에 귀의하여, 꽃과 향을 들고 조용한 사원을 찾아 예배하고 기도하는 것이다. 하지만 인도의 시성詩聖 타고르는 다음과 같이 노래한다.

이 찬송과 노래와 기도 따윈 그만 두시지요! 문들이 모두 닫힌 이 사원의 쓸쓸하고도 어두운 구석에서 당신은 누구를 예배하는 것입니까? 눈을 뜨고 보십시오, 신은 당신 앞에 없다는 것을! 그분은 농부가 팍팍한 땅을 갈고 있는 곳과 길 닦는 이가 돌을 깨고 있는 곳에 계십니다. 볕이 들거나 소나기가 퍼붓거나 그분은 그들과 더불어 계십니다. 그분의 옷은 먼지로 뒤덮여 있습니다. 당신의 신성한 망토를 벗고 그분처럼 당신도 먼지투성이의 저 흙 위로 내려가십시오.

『법화경』에서도 "직업을 갖고 살아나가는 것, 그리고 그 모든 직업과 산업이 곧 불법이다."(資生産業即是佛法)라고 설한다. 이 가르침 역시 노동의 종교적 의미를 강조하고 있음에 틀림이 없다. 불교적 관점에서는 노동의 종교적 의미를 크게 세 가지 측면에서 생각해 볼 수 있다. 다시 말해서 노동은 종교적 수행을 위한 수단이고, 노동 자체가 거룩한 수행의 과정이며, 노동의 결과가 고통받는 중생에게 회향된다는 세 가지 측면이다.

그렇다면 이제 우리가 지켜야 할 직장윤리에는 어떤 실천덕목들이 있을까. 먼저 『육방예경』에는 하인이 주인에게 지켜야 할 사항으로, ●주인보다 먼저 일어나고 ●주인보다 늦게 취침하며 ●주인이 주는 것에 만족하며 ●자신의 일을 잘 하고 ●주인의 명예를 드날려야 한다는 다섯 가지를 제시하고 있다. 메트칼프와 해틸리는 그들의 책 『부처님이라면 어떻게 하실까』에서 이 다섯 가지 윤리조항을 다음과 같이 현대적으로 해석하고 있다. 첫째, 상사보다 일찍 출근해서 일을 시작하라. 조금 일찍 나온다고 해서 손해 볼 일은 전혀 없다. 그렇게 함으로써 차분하고 침착하게 하루 일과를 시작할 수 있다. 둘째, 상사보다 늦게까지 일하라. 덜 끝마친 일을 마무리하거나 동료를 돕기 위해서 야근을 불사하는 모습은 상사에게 당신이 열성적인 직원임을 인식시켜 준다. 그리고 이런 가외의 시간이 흔히 하루 가운데 가장 높은 생산성을 발휘하곤 한다. 셋째, 고용주가 주는 것만 받아라. 회사에서 쓰던 볼펜이나 클립 같은 작은 사무용품 따위를 집에 가져가는 행동을 별일 아닌 것으로 볼 수도 있다. 그러나 이것은 틀림없는 도둑질이고, 더 큰 부정으로 빠져드는 시작이다. 넷째, 자신에게 주어진 일을 잘해 낼 수 있도록 노력하라. 당연한 이야기 같지만, 사실은 수많은 사람들이 정작 자기가 맡은 일은 대충대충 하면서 왜 자기가 좀 더 성공하고 인정받지 못할까 궁금해 하며 살고 있다. 다섯째, 고용주의 이름을 드높여라. 당신이 만나는 많은 사람들에게 당신은 회사를 대표한다. 근무 중이건 아니건 간에 항상 고용주에 대해 좋게 이야기하고, 주위 사람들에게 회사를 대표하여 좋은 모습을 보여주도록 하라.

이 외에도 직장생활에서 우리가 명심해야 할 몇 가지 사항들이 있다.

첫째, 직업을 가진 사람은 근면과 성실로써 그 의무를 다해야 한다.

둘째, 주인의식을 가지고 자신의 일에 창조적으로 임한다. '지시 받은 대로만 일한다.', '많은 연봉을 받는 리더들이 해답을 갖고 있겠지.', '난 그저 여기서 일만 할 뿐, 새로운 규칙을 만들 필요는 없어.' 등의 자기 합리화로 매사에 뒷전으로 물러서기만 하면 발전은 없다. 주인의식을 갖게 되면 직장 일에 훨씬 더 적극적이고 능동적으로 참여하게 되어 결과적으로 자신의 발전에도 도움이 된다.

셋째, 자긍심과 사랑으로 일에 임해야 한다. 내가 하는 일이 많은 사람들에게 큰 이익과 행복을 안겨준다는 믿음 아래 더 큰 사랑의 마음으로 일해야 한다. 칼릴 지브란은 충고한다.
"만일 그대가 무관심하게 빵을 굽는다면, 그대는 사람의 굶주림을 반밖에 메울 수 없는 쓴 빵을 굽고 마는 것. 만일 그대가 포도를 짓이기면서 불평한다면 그대의 불평은 포도주에 독을 만들어 내는 것. 그리고 만일 그대가 천사처럼 노래를 부르면서도 그 노래하는 것을 좋아하지 않는다면, 그대는 인간의 귀를 싸매어 낮의 소리와 밤의 소리를 듣지 못하게 하는 것이어라."

넷째, 직업은 돈을 벌기 위한 수단이 아니라 자아실현을 위한 방편임을 명심해야 한다. 그러기 위해서는 직업을 택할 때, 임금보다는 자기 적성과 자기가 정말 하고 싶은 일을 고려해야 한다. 그것이 장기적으로는 부의 축적에도 도움이 되고 성공적인 삶에도 효과적일 것이다.

20

공업共業에 대한 이해와 실천

 한국불교에 장군죽비를 내리친 휴암 스님은 『한국불교의 새
얼굴』에서 다음과 같이 주장한다.

 "오늘날 한국불교의 인과교리는 비굴의 상징이다. 또한 비
리의 상징이요 미신의 샘터요 현실 영합과 현실 회피의 통로
이며, 돈과 명예와 권력이라는 복 사상의 시녀이다."

 스님은 줄기차게 숙명론적 개인적 인과업보설의 폐해에 대

해 지적한다. 인과사상의 왜곡된 이해와 수용이 한국의 불교
도들을 은연중에 숙명론적 신비주의적 인생관으로 이끌고, 동
시에 개인주의적 인생관으로 이끌어 사회의식과 역사의식, 그
리고 공동체의식으로부터 멀어지게 했다는 것이다. 휴암 스님
의 주장을 유념하면서 공업共業사상을 중심으로 불교의 사회
적 실천에 대해 살펴본다.

깨달음의 완성과 정토 건설은 불교의 양대 목표다. 불국정
토 건설을 향한 '불교의 사회화'는 현대불교의 화두라 해도
과언이 아니다. 중국에서는 '인간불교'가 대세이고 구미에서
는 '참여불교'가 주류다. 이제 불교인의 사회적 실천은 거부
할 수 없는 정언명령이 되었다. 먼저 대승 『열반경』의 가르침
을 통해 불교인의 생활 속에서 사회적 실천이 왜 필요한지 살
펴보도록 한다.

불교의 인과응보 법칙은 종종 현실에 들어맞지 않을 때가 있
다. 착하게 열심히 노력하는 사람은 못 사는 반면, 빈둥빈둥 놀
면서 나쁜 짓만 하는 사람은 잘 사는 경우가 있기 때문이다. 불
교에서는 흔히 이러한 모순을 삼세윤회설로 설명한다. 즉 착하
게 사는 사람이 못 사는 것은 전생의 악업 때문이거나 혹은 내
생에 좋은 과보를 받을 것이기 때문이요, 나쁜 짓 하는 사람이

잘 사는 것은 전생의 선업 때문이거나 혹은 내생에 나쁜 과보를 받을 것이기 때문이라고 생각하는 것이다. 여자 혹은 남자로 태어나거나, 키가 큰 사람도 있고 작은 사람도 있는 등, 여러 차별적인 현상도 그것이 과거생의 개인적인 업인業因으로 인한 것이라고 이해하면 별 문제가 없어진다. 그러나 도덕적 인과법칙인 삼세윤회설로 이 세상의 모든 현상을 설명할 수 있는 것일까. 모든 현상이 과연 선악의 행동과 필연적인 관련이 있는 것일까. 예컨대, 어떤 사람이 우연히 벼락에 맞아 갑작스럽게 죽게 되었다면, 그 사람은 과거나 현재의 악업 때문에 그런 변을 당한 것일까? 어떤 사람이 길을 가다가 돌담이 무너지는 바람에 돌에 깔려 죽었다면 그것도 그 사람의 나쁜 행위와 연관이 있는 것일까. 버스나 비행기 사고로 많은 사람들이 동시에 죽게 되었다면, 그것은 그 사람들이 전생에 똑같은 악행을 저질렀기 때문에 그 과보를 함께 받은 것일까. 인도의 하층민, 불가촉천민들의 불행은 그들의 공동의 죄업 때문일까.

이와 같은 문제점을 옛 불교인들도 인식하고 있었던 것 같다. 사람들이 겪는 일들이 도덕적 인과업보가 아닌 또 다른 원인에 의해서도 나타난다는 것을 『열반경』「교진여품」은 분명하게 설한다.

일체 중생이 현재의 사대四大와 시절時節과 토지土地와 인민人民들로 인하여 고통과 안락을 받는다. 이런 이유로 나는 일체 중생이 모두 과거의 본업本業만을 인하여 고통과 안락을 받는 것이 아니라고 설하느니라.

이 내용 속에는 업설에 대한 발상의 일대 전환이 나타나 있다. 사람들이 불행하거나 행복한 것은 자신들이 과거에 지은 근본적인 업[本業] 때문만이 아니고 또 다른 원인들 때문이기도 하다는 것이다. 그 또 다른 주요 원인으로 『열반경』은 위에서 보는 것처럼 사대, 시절, 토지, 인민의 네 가지를 들고 있다. 이것은 인식의 전환이 가져온 참으로 의미있는 성찰이라고 생각된다.

그러면 이제 『열반경』이 사람들의 행·불행에 영향을 미치는 새로운 변수로 제시한 네 가지 사항에 대해 좀 더 구체적으로 살펴보기로 하자.

첫째는 사대이다. 사대는 이 세계를 구성하는 네 가지 큰 요소로서 지·수·화·풍을 가리킨다. 땅·물·불·바람은 각각 독자적으로 우리의 삶에 영향을 미치기도 하지만 그것들이 어우러져 나타나는 기후·풍토 등의 자연환경은 우리에게 지대한 영향을 미친다. 지진, 홍수, 화재, 태풍 등은 말할 것도 없고 다양한 기후 조건에 따라 우리의 삶이 얼마나 크게 달라지는가를 생각해 보자. 『열반경』은 이러한 자연현상을 도덕적 인과 법칙의 범주와 구분하고자 한 것이다.

둘째는 시절이다. 통일신라시대 신라인의 삶과 조선시대 조선인의 삶, 그리고 21세기 한국인의 삶을 생각해 보자. 전쟁 시기의 삶과 평화 시기의 삶을 비교해 보자. 시대에 따라 삶의 방식이 우리의 운명에 엄청난 영향을 미칠 것임은 말할 필요가 없다. 이러한 시대상황을 무시하고 개인적인 인과응보의 진리만을 집착한다면 그것은 결코 온당하지 못할 것이다.

셋째는 토지이다. 여기서 토지는 두 가지 의미를 갖는다고 본다. 하나는 지역 또는 국토의 의미이고 다른 하나는 곡식을 창출해 내는 토지이다. 한대지방과 열대지방의 차이는 크고, 같은 지역이라도 척박한 땅과 비옥한 땅의 차이는 클 수밖에 없다. 척박한 땅에서는 아무리 노력하여 농사를 짓더라도 많은 수확을 올릴 수 없는 반면, 비옥한 땅에서는 조금만 노력해도 많은 수확을 올릴 수 있을 것이다. 이것을 도덕적 선악의 행위 법칙만으로는 설명할 수 없을 것이다.

넷째는 인민이다. 여기서 인민은 단순히 사람들 개개인을 가리키는 것이 아니라 인민 집단으로서의 사회요 문화라고 할 수 있다. 동시에 그것은 법, 도덕, 관습이며 제도요 체제다. 법과 관습과 제도에 따라 선악의 개념이 달라지기도 한다. 잘못된 법과 제도, 관습과 체제에 의해 사람들은 뜻하지 않은 피해를 입고 고통을 당할 수도 있다. 이러한 변수들에 지혜롭게 대처해 나가기 위해서는 개인적인 선행만으로는 안 된다. 공동의 노력(공업)이 필요하다. 그 대표적인 예로 우리는 환경 문제를 들 수 있을 것이다. 모두가 함께 노력하지 않으면 환경오염의 피해에서 벗어날 사람은 거의 없다.

그렇다면 불교에서 공업을 설하는 이유는 무엇일까. 그리고 우리는 무엇을 어떻게 해야 하는 것일까. 불교의 업설은 원래 이 세상의 모든 현상을 설명하기 위한 가르침이 아니다. 인간 스스로의 자유의지에 바탕한 주체적 자유를 실현하기 위한 가르침이다. 동시에 그것은 자유에 따르는 책임, 권리에 따르는 의무를 강조하기 위한 가르침이기도 하다. 그러한 업의 이념이 마침내 사회환경 및 자연환경까지도 공업의 산물이라고 규정하게 된 것이다. 그렇게 해야 인간과 무관해 보이는 자연현상에 인간이 관계를 맺을 수 있기 때문이다. 따라서 자연현상이 공업의 산물이라고 하는 것은 우리가 자연현상에 다만 순응하고 복종해야 한다는 의미가 아니다. 자연을 인정하고 존중하면서도 우리가 자연현상에 부분적으로 관여하고 참여할 수 있으며 참여해야 한다는 의미다. 예를 들자면 벼락에 맞아 죽는 사람이 많이 생기는 데도 그것은 어쩔 수 없는 일이라고 내버려 두기보다는, 벼락이 떨어지는 원리를 연구하여 그 원리에 바탕한 피뢰침을 개발하여 설치하면 벼락의 피해를 상당히 줄일 수 있는 것과 같다. 앞으로 인공 강우가 현실화되면 가뭄의 피해도 많이 줄일 수 있을 것이다. 이것은 우리 인류가 공동으로 노력해 나가야 함은 물론이다.

더욱이 사회환경의 개선에 대해서는 우리가 공동체의식을 가지고 적극적인 관심과 능동적인 참여 의식을 가져야 한다. 왜 그래야 하는 것일까. 한 가지 예를 들어보기로 하자.

어느 날 버스가 교차로에서 트럭과 충돌하여 많은 사람들이 죽거나 다쳤다고 하자. 우리는 이 사건을 어떻게 이해해야 하고 어떻게 대처해야 하는 것일까.

이에 대해 어떤 사람들은, 아무 죄도 없는 사람들이 함께 사고를 당해 죽게 된 것은 필시 과거생에 그들이 함께 악업을 행한 과보의 결과라고 생각하여 담담한 반응을 보일 수도 있다. 하지만 『열반경』의 가르침에 비추어 볼 때 그러한 태도는 결코 바람직하지 못하다 할 것이다. 『열반경』이 가르치는 바는 이러한 체념적·달관적 태도와는 오히려 반대의 입장이라고 생각된다. 『열반경』은 버스의 안전성을 깊이 생각하지 않고 타성적으로 버스를 이용한 승객들 각자에게 책임을 돌리고 있는 것은 아닐까. 접촉사고를 미연에 방지하기 위해서는 시민들 스스로가 교통행정시스템, 신호체계, 운전기사들의 노동환경, 정비 시스템, 도로 사정 등을 일일이 점검해 보아야 한다. 이런 일은 한 개인이 할 수 있는 일이 아니다. 이것은 시민 모두가 연대의식을 갖고 함께 실천해야 할 일이다. 시민사회운동의 필요성과 당위성은 바로 이러한 이유에서 비롯되는 것이다. 『열반경』과 공업사상은 결국 우리에게 성숙한 시민의식을 갖고 모두의 안전을 위한 시민사회운동에 적극적으로 참여할 것을 가르치고 있는 것이다.

또 다른 예를 들어보자. 우리가 입시지옥에서 고통 받는 수험생들을 위해서 개인적으로 해 줄 수 있는 일은 수험생 개개인에게 열심히 공부하라고 타이르든가 열심히 공부할 수 있도록 도와주고 배려해 주는 것이다. 그러나 모든 수험생들이 각자 최선을 다하여 공부한다고 해서 모두가 다 대학에 입학할 수는 없다. 따라서 우리가 그 모든 수험생들을 구제하기 위해서는 근본적으로 입시제도와 교육제도를 개선하지 않으면 안 되며, 대학에 진학하지 않고서도 희망과 용기를 잃지 않고 살아갈 수 있는 환경과 여건을 조성하지 않으면 안 된다. 사회적 실천의 당위성은 여기에서도 쉽게 발견된다.

우리는 대개 불교의 인과응보를 조금은 신비하게 생각하는 경향이 있다. 하지만 대승 『열반경』에는 지극히 현실적인 인과응보가 설해져 있어 이채롭다. 부처님은 고통과 안락의 현실[果報]이 단지 과거의 악업과 선업[業因]에 연유하는 것이 아니라 현재의 업으로부터 연유한다는 점을 밝힌다. 부처님은 이것을 다음의 비유를 통해 증명한다.

어떤 사람이 왕을 위하여 원수를 제거하고, 그 인연으로 재물을 많이 받았다면, 이 재물로 인하여 현재의 즐거움을 받나니, 이 사람은 곧 현재에 즐거움의 인을 짓고 현재에 즐거움의 과보를 받는 것이니라. 또 어떤 사람이 왕의 아들을 죽이고 그 인연으로 목숨을 잃게 된다면, 이 사람은 현재에 괴로움의 인을 짓고 현재에 괴로움의 과보를 받는 것이니라.

현생의 업의 과보를 현생에 받는다고 하는 가르침은 이미 『중아함경』「사경」에 설해져 있다. 즉 "만일(현세에) 일부러 짓는 업이 있으면 반드시 그 과보를 받되, 혹은 현세에 혹은 후세에 받는다고 나는 설한다."는 가르침이 그것이다.

그러나 『열반경』의 가르침 속에는 우리가 깊이 음미해 보아야 할 특별한 메시지가 담겨 있다. 앞에 인용한 두 비유의 내용을 잘 살펴보면, 거기에는 업의 과보가 개인적이고 신비스러운 방식으로 나타나지 않고, 사회적 '법과 제도'를 통해서 공개적이고 합리적으로 나타남을 알 수 있다. 원수를 제거하여 재물을 받거나 왕자를 죽이고 자신의 목숨을 잃는다는 것은 아무래도 '상벌제도'에 의한 것이라고 생각되기 때문이다. 이것은 과거세에서 현세로 이어지는 신비적 업설이 아니라 현세에서 바로 확인할 수 있는, 법과 제도를 통해 구현되는 업보라고 할 수 있을 것이다.

이 가르침은 확실히 업설에 대한 우리의 고정관념을 깨뜨리고 있다. 인과응보가 법과 제도를 통해서도 드러나는 것이라면, 좋은 과보를 얻기 위해서 우리가 해야 할 일은 우선 개인적으로 선근공덕을 쌓아야 할 것이고 다음에는 모두가 함께 힘을 모아 올바른 법과 제도를 확립하고 그것이 정당하게 집행되도록 해야 한다. 바르지 못한 법과 제도는 오히려 인과업보의 질서를 굴절시킬 것이기 때문이다. 또한 올바른 법과 제도를 확립한다는 것은 곧 사회정의를 실현한다는 의미다. 따라서 사회정의를 실현하기 위한 사회구성원 공동의 실천과 행동은 필연적이다. 불교인들이 사회문제에 관심을 갖고 사회적 실천에 동참해야 하는 까닭이 여기에 있는 것이다.

21

매스컴의 올바른 수용과 비판

어느 날, 식사를 끝낸 토끼가 나무 밑에 누워 생각했다. '만일 이 세상이 무너지면 나는 틀림없이 죽을 것이다.' 그러자 갑자기 겁이 나 온몸이 부들부들 떨리기 시작했다. 그때 잘 익은 열매 하나가 툭 떨어졌다. 이 소리에 놀란 토끼는 세상이 무너지는 소리라 생각하고 뒤도 돌아보지 않고 달아났다. 정신없이 뛰어가는 친구를 보고 다른 토끼가 물었다.

"무슨 일인데 그렇게 뛰어가?"

"지금 세상이 무너지고 있어. 더 이상 묻지 마."

이 말을 들은 토끼는 "큰일났구나!" 하며 그 뒤를 따라 달렸다. 이렇게 하여 마주치는 토끼마다 "세상이 무너지고 있다."라고 소리치며 뒤를 따랐다. 나중에는 10만 마리가 줄을 지어 달렸다.

토끼들이 떼로 달리는 것을 보고 사슴이 물었다.

"너희들 무슨 일인데 달리는 거야?"

"더 이상 묻지 마. 지금 세상이 무너지고 있어."

그러자 사슴도 겁에 질려 그 뒤를 따라 달리기 시작했다. 그다음에는 돼지, 물소, 외뿔소, 호랑이, 코끼리도 뒤를 따랐다. 놀라서 달아나는 동물들의 행렬이 무려 1유순이나 되었다.

그때 사자가 나타나 달아나는 무리를 향해 물었다.

"도대체 무슨 일이냐?"

"더 이상 묻지 마시오. 지금 세상이 무너지고 있소."

이 말을 들은 사자는 생각했다. '세상이 무너진다는 건 있을 수 없는 일이다. 저들이 뭔가를 잘못 알고 있는 게 틀림없어. 지금 내가 나서지 않으면 저들은 줄줄이 서쪽 바다에 빠져 죽고 말 것이다.' 사자는 전력 질주하여 그들을 따라잡았다. 그리고 그들 앞에 서서 "세상이 무너지는 것을 누가 보았느냐?"라고 큰 소리로 세 번 외쳤다.

『자타카』에 실린 흥미로운 우화다. 이 우화는 지식정보의 시대를 살아가고 있는 우리들에게 참으로 많은 것을 생각케 한다. 우리들은 신문과 방송을 비롯한 수많은 대중매체를 통한 지식 정보의 홍수 속에 휩쓸려 가고 있지만, 대부분의 사람들은 그 지식과 정보가 과연 얼마나 진실하고 유익한 것인지에 대해서는 별다른 의심을 하지 않기 때문이다. 그렇다면 대중매체에 의한, 확인되거나 검증되지 않은 정보를 무비판적으로 수용하며 따라가는 우리는, "세상이 무너진다."는 토끼의 말만 믿고 줄지어 달아나는 우화 속 동물들과 별로 다를 바 없어 보인다. 이라크 전쟁은 그 좋은 예가 될 것이다. 당시 부시 미국 대통령은 9·11사태는 이라크 때문이며, 사담 후세인은 대량살상무기를 만들고 있다는 거짓말을 하였다. 미디어는 이 가짜뉴스를 온 세계에 퍼뜨렸다. 이렇게 시작된 이라크 전쟁으로 이라크인 백만 명 이상이 희생되는 비극을 우리는 겪은 바 있다.

그럼에도 신문과 방송의 순기능에 대해서는 누구도 부인할 사람이 없을 것이다. 우리는 그러한 매체를 통해 늘 새로운 소식을 접하고, 그 소식을 통해 나라 안팎의 수많은 사람들과 공감대를 형성하기도 하고, 유익한 지식과 정보를 얻기도 한다. 좋은 소식이든 나쁜 소식이든, 그 소식을 통해 우리는 삶의 교훈과 지혜를 얻을 수도 있고, 어려운 이웃에게 연민의 정을 느끼고 자비와 사랑을 실천할 수 있는 기회를 제공받기도 하기 때문이다.

그러나 문화산업론의 입장에 따르면, 대중매체는 소수의 지배계급에 의해 강력한 지배수단으로 활용되며, 동시에 자본주의 사회를 통합시키고, 대중의식·대중의 욕구와 행위를 조종하는 수단이 된다. 이를 뒷받침해 주는 예를 우리는 월드컵에서 찾을 수 있을 것이다.

한국 축구가 세계 4강까지 도약한 지난 2002 월드컵은 우리에게 국민적 자긍심과 연대감을 가져다 준 한바탕 축제였다고 할 만하다. 그러나 우리는 그 화려한 축제의 이면에 감추어져 있었던 부정적 측면들에 대해서도 관심을 가져야 한다. 대회 기간 내내 대부분의 우리 언론은 한국팀이 선전한 경기 장면을 수없이 내보내며 바람몰이식 과열보도를 하기에 여념이 없었다. 객관적인 해설과 전망은 찾아보기 힘들었고 승리에 대한 주문이 국민적 열기를 부추겼다. 방송3사는 동일한 경기를 동시에 생중계 하는 등, 지나친 편성을 하기도 하였다.

또한 언론은 집단적 기억 조작까지도 서슴지 않았으니, 첫째, 언론은 월드컵 본선 1승과 16강을 놓고 '48년 간의 국민적 염원'이 이루어졌다고 보도하였다. 하지만 48년이라는 수치의 기준이 된 1954년은 한국전쟁이 끝난 바로 이듬해로서 국민적 염원의 출발점으로 보는 것은 적절치 않다. 국민적 염원으로 자리잡은 것은 그보다 12년 뒤인 1966년쯤이 될 것이기 때문이다. 둘째, 많은 언론은 붉은악마와 수많은 국민이 동참하여 만들어낸 태극기 물결을 '3·1 만세운동 이후 최대'라고 보도하였다. 그러나 1919년 3·1 만세운동 당시에는 태극기가 거의 없었다는 것이 상식이다.

　이러한 과열보도와 집단적 기억조작에 의한 월드컵 열기는, 보드리야르의 월드컵 비판처럼, 대중의 다양한 삶의 결과와 체험들을 하나로 묶어버리는 통합적인 담론을 생산하며, 그럼으로써 대중들은 축구 아닌 것을 축구로 환원시키며 축구 아닌 다른 삶을 스스로 소외시키는 집단적인 히스테리를 생산·재생산하였다.

　그리고 우리가 눈여겨보아야 할 것은 피파(FIFA: 국제축구연맹)의 상업성과 불합리한 조직 및 구조이다. 회장이 절대권력을 휘두르는 피파는 재정 투명성에 관한 규정이 없고 외부의 회계감사도 받지 않는, 베일에 싸여 있는 조직으로 알려져있다. 피파의 지나친 상업성은 한 일간지의 다음 기사를 통해

듣고보다

서도 잘 알 수 있다.

　　피파가 고객인 후원사들의 광고를 위해 전 · 후반
사이의 쉬는 시간에 문화공연 등 볼거리를 금지했기
때문에 관중들은 15분 동안 그저 전광판 광고를 쳐다
보고 있어야 한다. 피파는 백화점 가전매장도 공공장
소라며 텔레비전으로 월드컵 경기를 내보내지 못하도
록 했다. 광화문과 시청 등에 있는 대형 전광판 또한
피파에 경기당 2천만 원 가량의 돈을 낸다. 피파는 모
든 곳에서 수익을 창출하려고 혈안이 되어 있다. 피파
는 이번 대회에서 중계권과 사업권을 팔아, 드러난 것
만 2조4천억 원 가량을 챙겼다. 특히 중계권료는 1조
2천억 원을 넘어, 지난 프랑스 대회보다 무려 10배 이
상이나 비쌌다.

- 〈한겨레신문〉 2002. 6. 22일자 -

　　또 다른 예를 들어보자. 한때, 조선일보사가 안티조선 시민
운동단체인 '조선일보 없는 아름다운 세상'(조아세)의 대표와
온라인팀장을 업무방해와 명예훼손 등의 이유로 형사 고소한

일이 있었다. 이에 대해 '조아세'는 성명서를 내고 "(조선일보는) 지난 80년간 친일숭미 사대주의로 왜곡·편파 보도를 일삼으며 정치권력과 유착해 부를 축적한 것을 반성하기는커녕 조폭적 탄압으로 시민사회의 입을 틀어막으려 하지 말고 지금이라도 국민 앞에 석고대죄하라."고 촉구하면서 조선일보를 상대로 허위 사실 공표와 명예훼손 혐의로 맞고소하겠다는 입장을 밝히기도 했다. 이러한 사건은 우리에게 무엇을 말해 주는 것일까.

동일한 사건에 대해 언론사에 따라 상반된 내용을 보도하는 것만 보아도 알 수 있듯이, 언론사의 보도가 곧 실체적 진실일 수는 없다. 실체적 진실은 각 신문사나 방송사의 특별한 입장에 따라 굴절되고 왜곡될 수 있기 때문이다. 그것은 다음 비유를 통해서도 잘 알 수 있을 것이다.

휘영청 달 밝은 밤 가을 호수에 A, B, C 세 사람이 각각 다른 작은 배를 타고 있다고 하자. A는 멈춰선 배에 비스듬히 앉아 낚시하며 달을 쳐다보고, B는 배를 저어 동쪽으로, C는 남쪽으로 노 저어 가면서 달을 바라본다. 이때 A에게는 달이 멈춰 있는 것으로 보일 것이고, B는 자신을 따라 동쪽으로 움직이는 달을 보며, C는 남쪽으로 이동하는 달을 보게 될 것이다.

달은 셋이 아니라 분명 하나인데도 말이다.

　따라서 언론사의 입장에 따른 왜곡보도와 편파보도의 개연성은 얼마든지 열려 있다고 하겠다. 그렇기 때문에 각종 대중 매체가 제공하는 정보를 여과 없이 그대로 안이하게 받아들이는 것은 금물이다. 실체적 진실에 접근하는 데는 정확한 지식에 바탕한 깊은 사유와 신중한 판단을 위한 노력, 그리고 부지런함이 필요하다. 우리는 여기서 『앙굿따라 니까야』의 다음 가르침을 깊이 음미해 보아야 할 것이다.

　"칼라마 사람들이여, 조심하라. 소문이나 평판 또는 전통에 끌려다니지 말라. 성전聖典의 권위에도 순전한 논리나 추리에도 현혹되지 말라. 겉모습을 존중하지 말고 사변적인 생각을 즐기지도 말라. 그럴듯한 가능성이나 '이분은 나의 스승이다'는 관념에도 이끌리지 말라."

　그리하여 부처님은 제자들에게 부처님 자신의 가르침까지도 무조건적으로 받아들이지 말고 전정사유專精思惟한 후에 받아들여야 한다고 설한다.

한걸음 더 나아가, 우리는 오늘의 대중매체가 불교적 심성문화(열반문화)보다는 물질문명과 소비대중문화를 확산·증폭시키고 있다는 사실을 유념하여 경계의 마음을 늦추지 말아야한다.

많은 문명비평가들은 현재 산업문명과 그 동반자인 소비대중문화가 결국에는 인간성을 황폐화하고 자연환경을 파괴할것이라고 우려한다. 현대 물질문명은 근본적으로 인간의 이기적·본능적 욕망에 바탕한 '대량생산 → 대량소비 → 대량폐기' 체제를 강화시켜 가기 때문일 것이다. 강력한 자본의 논리에 예속될 수밖에 없는 오늘의 대중매체는 소비대중문화의 첨병이자 전도사라고 할 것이다. 자극적인 제목과 감각적인 광고, 그리고 선정적인 화면들로 가득찬 대중매체가 그것을 증명하고 있다.

부처님은 『사십이장경四十二章經』에서 제자들에게 "사람이 애욕에 얽매이면 마음이 흐리고 어지러워 도道를 볼 수 없다. 깨끗이 가라앉은 물을 휘저어 놓으면 아무리 들여다보아도 분명한 그림자를 볼 수 없는 것과 같다."라고 훈계하신다. 또한 "사람들이 재물과 색色을 버리지 못하는 것은 마치 칼날에 묻은 꿀을 탐하는 것과 같다. 한 번 입에 댈 것도 못 되는데 어린

애들은 그것을 핥다가 혀를 상한다."라고도 설한다. 나아가 『법구경』에서는 "음욕보다 뜨거운 불길이 없고, 성냄보다 빠른 바람이 없으며, 무명無明보다 빽빽한 그물이 없다."라고 가르친다.

하지만 오늘의 대중매체는 대중문화를 확산시켜 우리의 심성을 정화시키기보다는 감각적이고 선정적인 이미지를 통해 사람들의 욕망을 부풀리고[貪], 야수적 본성을 자극하기도 하며[瞋], 마음을 들뜨게 하여 맑고 밝은 지혜의 힘을 마비시키기도 한다[痴]. 한마디로 오늘의 대중매체는 열반의 적인 탐·진·치 삼독심三毒心을 부추겨, 결과적으로 우리를 고통과 번뇌로 몰아가고 있는 것이다.

다시 말해서, 구독률과 시청률을 높이기 위한 치열한 경쟁을 벌일 수밖에 없는 오늘의 상업주의 신문·방송은 퇴폐문화의 확산과 도덕적 가치의 붕괴에 큰 영향을 끼쳤고, 향락·과소비 풍조를 조장한 책임이 크다 하겠다. 또한 대중매체를 이용한 스포츠 산업화로 인하여 상품으로 전락해 가는 '보는 스포츠' 열풍은 일상적인 삶으로부터 자기 소외를 일으키고, 지나친 승부에 집착하게 하여 마음의 평정을 깨뜨리기 쉽고, 삶의 궁극적 가치에 대해 탐색할 시간적 여유를 빼앗아 가는 등,

그 부정적 측면이 적지 않다.

이러한 모든 현상이 오늘날 대중매체의 총체적 문제라고 할 수 있다. 따라서 우리들 스스로가 신문·방송을 비판적으로 바르게 수용해야 함은 물론, 모든 대중매체의 이러한 문제점에 대해 불교인과 불교시민운동단체들의 보다 적극적인 감시 활동이 요청된다 할 것이다.

끝으로 불교인들은 불교방송과 불교텔레비전, 그리고 불교계에서 발행하는 신문과 잡지에 대해서도 더 깊은 관심을 갖고 활성화시켜 가도록 해야 할 것이며, 애정 어린 질책과 창조적 비판도 아끼지 말아야 할 것이다.

22

수단이 아닌 수행의 한 방편

　30마력의 증기차가 대로변에 나타나자 차를

처음 본 사람들이 혼비백산해서 사방으로

흩어졌고, 들고 있던 짐도 내팽개친 채

숨기 바빴다.

어떤 사람들은 이 새로운 괴물로부터

자신을 지켜달라고 간절히 기도했다.

소와 말도 주인만큼 놀라서 인근 상점이나

가정집으로 뛰어들었다.　　-『그래픽』-

이 재미있는 광경은 서울에 자동차가 처음 등장했을 때 영국인의 눈에 비친 풍경이다. 1909년 2월 20일 영국의 잡지 『그래픽』에 '조용한 아침의 나라에 등장한 자동차'라는 제목으로 실린 그림에 대한 설명이다.

우리나라 최초의 자동차는 1903년 고종황제 즉위 40주년을 맞아 전용 어차御車로 들여온 포드 A형 무개차다. 그러나 '시끄럽고 냄새나고 조그만 몸체에 까불대며 빨리 달리는 것이 채신머리없다.'하여 궁 안에 구경거리로만 존재하게 되었다. 그로부터 백이십 년이 흐른 지금, 서울의 거리 풍경은 놀랍기 그지없다. 주요 도로는 물론이고 주택가 이면도로마저도 차들이 쉴 새 없이 꼬리를 물고, 교통체증이 일상이 되어버린 지 오래다.

통계를 살펴보면 지난 2022년 말 우리나라 자동차 등록대수는 이미 2,550만 대를 넘어섰다. 이 통계숫자에는 관용·자가용·영업용을 망라한 승용차, 화물차, 승합차, 특수차가 모두 포함되어 있다. 그러나 자동차의 이러한 양적인 팽창의 이면에는 어두운 그늘이 드리워져 있다. 우리나라 도로교통사고 사망률은 2000년대 이후 꾸준히 줄어들고 있지만, 2022년도 사망률은 인구 10만 명당 5.3명으로 집계되었다. 이것은 영국이나 일본의 두 배 이상으로서 비교대상 국가들 가운데 미국 다음으로 높다. 자동차의 양적·질적인 성장만큼 자동차에 대한 인식과 교통문화, 안전의식은 한참 못 미치고 있다고 해야 할 것이다.

그러나 우리는 승용차의 이용과 소유를 당연하게만 여겨서는 안 된다. 그 부정적 측면도 유념해야 한다. 자동차의 매연은 공기 오염의 주범이 된 지 오래고, 그로 인한 환경 위기는 더욱 심각해져 가고 있다. 또한 승용차는 자본주의 사회의 상징물이 되어 불평등을 조장하고 있으며, 교통사고로 인한 사망자와 부상자도 큰 숫자에 이른다. 그 수많은 사람들의 희생 위에서 우리는 문명의 이기와 생활의 여유를 누리고 있는 셈이다. 그리고 우리 모두는 언제라도 그 희생양이 될 수 있음은 말할 것도 없다. 그래서일까. 생태계의 보존과 자본주의 경제가 공존할 수 없다고 생각한 인도의 경제학자 나린다랭 싱은 상당히 급진적인 처방을 내려 놓고 있다. 다시 말해서 지구상에서 자가용 승용차는 금지되어야 한다고 주장하고 있는 것이다. 이 주장은 현실적으로 실현 가능성이 희박해 보이지만, 우리를 다시 한번 돌아보게 하는 강력한 메시지임에는 확실하다. 차가 정말 나의 생활에 필요한 것인지, 나의 소득에 비추어 볼 때 승용차 소유가 부담스러운 상황은 아닌지, 모든 사람이 자가용을 이용한다면 공해 문제는 과연 어떻게 될 것인지…. 이런 문제들에 대해 좀 더 진지하게 생각해 보아야 한다. 차가 꼭 필요하지 않은 데도 남들이 차를 사서 이용하니까, 나도 덩달아 차를 산다든가, 자기 과시욕 때문에 사치스러운 중·대형 승용차를 고집하는 일은 지양해야 할 것이다.

차가 꼭 필요해서, 자기에게 적당한 차를 구입했다고 하자. 그렇다면 이제 차를 어떻게 운전해야 할지에 대해 생각해 보아야 한다. 틱낫한 스님은 비구 스님들이 지켜야 할 계율을 현실화하여 이른바 「개정改定바라제목차」를 발표하였는바, '중다학법衆多學法' 100조항 가운데 운전과 관련된 일곱 조항을 제시하고 있어 흥미롭다. 그것을 소개하면 다음과 같다.

78. 비구는 운전 중에 대화를 하거나 웃고 농담하거나 통화를 해서는 안 된다.

79. 비구는 운전 중에 지도를 읽어서는 안 된다.

80. 비구는 운전할 때, 운전면허증과 자동차에 대한 공식서류를 가지고 다녀야 한다.

81. 비구는 다른 자동차의 운전자와 대화하기 위해 그 자동차와 나란히 차를 몰아서는 안 된다.

82. 비구는 공식 제한속도 이상으로 빨리 운전해서
    는 안 된다.
83. 비구는 다른 차량 때문에 화를 내어 경적을
    울려서는 안 된다.
84. 운전 중에 졸리거나 피곤을 느끼기 시작할 경우,
    비구는 다른 사람에게 운전하도록 요청한다.
    만일 운전을 대신할 사람이 없을 때는 차를
    멈추고 기분이 상쾌해져 정신이 날 때까지
    쉬어야 한다.
    비구는 자신이 운전하고 있는 차에 탄
    다른 사람들의 생명에 관심을
    기울여야 한다.

이 조항들은 모든 운전자가 지켜야 할 일반적인 내용이지
만, 이것을 계율 속에 포함시켜 놓으니 느낌이 새롭다.

사실, 우리의 교통문화는 아직 만족할 만한 수준에 이르지
못하고 있다. 국토교통부와 한국교통안전공단에서는 도로환
경·자동차보유·교통사고 등을 토대로, 횡단보도 정지선 준
수율, 속도 준수율, 방향지시등 점등률, 안전띠 착용률, 신호

준수율 등을 평가하여 '교통문화지수'를 산출하고 있는데, 우리나라의 2022년도 교통문화지수는 81.18로 나타났다. 최근 5년간 운전 및 보행행태는 조사 결과, 대체로 개선되고 있지만, 운전자 안전띠 착용, 횡단보도 정지선 준수, 보행자 횡단보도 횡단 중 스마트기기 사용 여부는 개선이 필요한 것으로 보고되고 있다.

더욱이 우리나라의 자동차문화는 지나치게 소비적인 면모를 나타내고 있다고 한다. 기름 한 방울 나지 않는 나라에서 에너지 소비는 세계 최고 수준이다. 국내 *GDP*당 에너지 소비량은 미국 다음으로 높은 수준이고, 단위 교통량당 에너지 소비량은 거의 선진국의 4배 수준에 이른다. 또한 우리는 외국인에 비해 차를 너무 자주 바꾸는 경향이 있다. 이제 우리 국민 개개인은 물론 정부도 에너지 소비량을 줄이고 승용차의 평균 수명을 늘려 가는 방향으로 의식을 전환하고 정책을 수정해 가야 할 것이다.

운전은 생명과 직결되어 있기 때문에 운전자의 세심한 주의가 필요하고 좋은 운전습관이 절실히 요청된다. 또한 운전은 곧 그 사람의 인격임을 유념하여, 가급적 안전하고 예의 바르게 차를 몰아야 한다. 그러기 위해서 우리는 다음과 같은 몇 가지 사항을 반드시 지켜야 한다.

첫째, 불교는 우리가 수많은 중생의 은혜 속에서 살아가는 바, 그 은혜에 감사하고 그 은혜에 보답하라고 가르친다. 마찬가지로 우리는 모든 운전자에게 늘 감사하는 마음을 가져야 한다. 우리는 대개 다른 운전자들을 경쟁상대로 보는 경향이 있다. 그러나 가만히 생각해 보면 다른 차량이 신호를 지키고 질서를 지키며 안전운행을 하기 때문에 내 차도 안전할 수 있는 것이다. 만약에 단 하나의 차라도 질서를 어긴다면 내 차도 나도 결코 안전을 보장받을 수 없게 된다. 교통사고를 당해 본 사람은 질서 운전을 하는 수많은 운전자들이 얼마나 고마운지 새삼스럽게 느꼈을 것이다. 그러므로 우리는 다른 모든 운전자들에게 늘 감사의 마음을 가져야 한다. 그렇게 되면 상대방에 대한 배려가 더욱 깊어지고 양보운전을 하지 않을 수 없게 되어, 사고 유발요인이 그만큼 줄어들 것이다.

둘째, 여유를 가져야 한다. 틱낫한 스님은 우리가 좌선을 할 때나, 걷기 명상을 할 때, 그리고 운전을 할 때도 늘 다음과 같이 마음속으로 외우라고 가르친다.

나는 도착했네, 나는 고향에 있네.

바로 여기 이곳에, 바로 지금 이 순간

나는 바위처럼 강하네, 나는 바람처럼 자유롭네.

궁극의 그곳 대자유에, 나는 언제나 머무노라.

바쁘다고 서두르면 마음은 조급해지고 판단력도 흐려져서 사고를 내기 쉽다. 평상심이 곧 도道라고 하는 선가禪家의 가르침처럼 바쁠수록 마음을 느긋하게 가져야 한다.

우리가 어떤 일을 당해서 평상심을 잃고 당황해 하면, 일이 지난 후에, 좀더 의연하게 처신하지 못했던 자신을 후회하게 되는 것처럼 운전도 마찬가지다. 또한 우리는 스스로 보채고 헐떡거리면서 뭔가를 끊임없이 추구하지만, 돌아보면 다 부질 없음을 깨닫게 된다.

인생은 결과도 중요하지만 과정이 더 중요하다. 그래서 바로 지금 여기서 운전하는 이 시간이 우리 삶에 있어서 가장 소중한 시간인 것이다. 운전하는 시간을, 버려도 되는 시간쯤으로 착각하는 사람은 반드시 난폭운전을 하게 되고 남에게 피해를 주게 된다. 틱낫한 스님은 계속해서 이렇게 충고한다.

운전할 때도 온전히 그곳에 존재하라. 그러기 위해 들숨과 날숨에 집중해야 한다. 근심 걱정에 마음을 빼앗기지 말고 당신이 진정 그곳에 있다면 당신은 안전하게 운전할 수 있을 것이다. 정지 신호를 만나면 휴식의 기회가 왔음을 기뻐하며 깨어 있는 마음으로 수행하라. 편안히 뒤로 기대앉아서 20~30초 숨을 들이쉬고 내쉬면서 지금 이 순간에 도착한 것을 즐기는 것이다. 그렇게 내 몸과 마음이 하나가 되면 운전은 더 이상 고통이 아니라 즐겁고 평화로운 수행이 된다.

셋째, 다른 사람을 이해하려고 노력해야 한다. 『미륵본원경』은 "보살에게는 다섯 가지 법이 있으니, 항상 덕의德義를 세우고, 남의 장단점을 찾지 않고, 자신의 행위를 스스로 반성하고, 진리를 즐기고, 자신을 생각하지 않고 늘 남을 구하는 것이 그 다섯이다."라고 설한다. 이러한 보살의 길을 생각한다면, 한사코 끼여들려는 차를 향해 본능적으로 불쾌하게 생각하거나 '저 친구!' 하면서 화를 낼 일이 아니다. 우리는 화를 내기에 앞서 먼저 그 사람을 이해하려고 해야 한다. 개인적으로 너무나 중요한 약속이 있어서 그럴 수도 있고 집안에 급한 사정이 생겨 그럴 수도 있을 것이다. 그렇게 이해하려고 한다면 우리는 그에게 화를 내면서 스스로 마음 상할 일도 없고 어렵지 않게 양보운전도 할 수 있게 된다. 그러면 그 사람은 그 사람대로 미안한 생각도 들고 고마운 생각도 하게 될 것이다. 그리하여 설혹 그 사람이 습관적으로 끼여들기를 하는 사람이라 할지라도 언젠가는 스스로 그 나쁜 버릇을 고치게 될 수도 있을 것이다.

넷째, 운전을 목적지에 도착하기 위한 수단으로 생각하지 말고 운전이 아예 목적이라고 생각한다. 다시 말해 운전을 이동수단이 아닌 자기 수행의 한 방편으로 삼는 것이다. 『화엄경』「정행품淨行品」의 가르침은 그 좋은 지침이 되리라 믿는다.

높은 산을 보면 최고의 깨달음을 목표로 부처님 법의 정상에 오르고자 합니다. 흐르는 물을 보면 바른 법의 흐름을 타고 부처님 지혜의 큰 바다에 들어가야 합니다. 다리를 보면 부처님 법의 다리를 놓아 많은 사람들이 머뭇거림 없이 건너게 해야 합니다.

이 가르침을 응용하면 운전 중에 마주치는 모든 것들을 수

행과 접목시킬 수 있을 것이다

　인생과 운전은 유사점이 많은 것 같다. 훌륭한 삶을 이루어
가기 위해 충분한 교육과 자기성찰이 필요한 것처럼, 운전에
도 철저한 준비와 점검이 필요하고, 인생에 주기적인 재충전
이 필요한 것처럼, 차량에도 주기적인 주유가 필요하며, 인생
에 있어 법과 도덕을 꼭 지켜야 하고 과욕은 금물인 것처럼,
운전에 있어서도 교통법규와 질서는 반드시 지켜야 하고 과속
은 금물이기 때문이다.

　끝으로 우리는 부득이하게 차를 구입하고 소유할 때도 소욕
지족少欲知足의 원칙을 지켜야 한다. 차가 있더라도 출퇴근은
가급적 대중교통 수단을 이용하고, 원활한 교통의 흐름을 위
해 10부제 등에 적극적으로 동참해야 한다. 그리고 운전을 할
때는 보살도를 실천하는 마음으로 임해야 한다. 그러면 운전
도 곧 수행이 될 것이다.

붓다의 생활 수업

초판발행 | 2024년 4월 19일
지 은 이 | 박 경 준
펴 낸 이 | 김 동 금
펴 낸 곳 | 우리출판사
주   소 | 서울특별시 서대문구 경기대로9길 62
전   화 | 02-313-5047
팩   스 | 02-393-9696
이 메 일 | wooriboooks@hanmail.net
홈페이지 | www.wooribooks.com

등록 제9-139호
ISBN | 978-89-7561-359-3

정가 18,000원